Famílias que educam

Uma relação harmoniosa
entre pais e filhos

© 2014 by Gabriel Chalita

© Direitos de publicação
CORTEZ EDITORA
Rua Monte Alegre, 1074 – Perdizes
05014-001 – São Paulo – SP
Tel.: (11) 3864-0111 Fax: (11) 3864-4290
cortez@cortezeditora.com.br
www.cortezeditora.com.br

Direção
José Xavier Cortez

Editor
Amir Piedade

Preparação
Roksyvan Paiva

Revisão
Alessandra Biral
Gabriel Maretti
Roksyvan Paiva

Edição de Arte
Mauricio Rindeika Seolin

Projeto e Diagramação
More Arquitetura de Informação
Mozart Acs
Paula Rindeika

Ilustrações
Rodrigo Abrahim

Dados Internacionais de Catalogação na Publicação (CIP)
(Câmara Brasileira do Livro, SP, Brasil)

Chalita, Gabriel
  Famílias que educam: uma relação harmoniosa entre pais e filhos / Gabriel Chalita. – 1. ed. – São Paulo: Cortez, 2014.

  ISBN 978-85-249-2282-4

  1. Crianças - Criação 2. Educação de crianças 3. Emoções em crianças 4. Família - Aspectos sociais 5. Pais e filhos 6. Papel dos pais I. Título.

14-08727   CDD-649.1

Índices para catálogo sistemático:
1. Educação de filhos: Papel dos pais: Vida
   familiar   649.1

Impresso no Brasil – agosto de 2014

Famílias que educam

Gabriel CHALITA

1ª edição
2014

Vossos filhos não são vossos filhos.

São os filhos e as filhas da ânsia da vida por si mesma.

E embora vivam convosco, não vos pertencem.

Vêm através de vós, e não de vós.

Gibran Khalil Gibran

Sumário

PALAVRAS INICIAIS **8**

CAPÍTULO 1
O VALOR DA COMPREENSÃO E DO RESPEITO **16**

CAPÍTULO 2
DIZER "SIM" E DIZER "NÃO" **44**

CAPÍTULO 3
A FAMÍLIA NA ESCOLA **66**

CAPÍTULO 4
O AMOR CONDUZINDO A VIDA **94**

Palavras iniciais

Este livro tem o objetivo de refletir sobre a difícil arte da convivência no seio das famílias. A impossibilidade de uma coexistência harmoniosa, num contexto tão privilegiado como o familiar, em que o respeito, a compreensão e o carinho mútuos deveriam, em princípio, inspirar as pessoas a viver sem receio de errar ou acertar, tem provocado aquilo que se convencionou chamar de conflito de gerações.

Pais e filhos parecem seres estranhos. Frases monossilábicas ocupam o lugar dos diálogos. Violência doméstica, drogadição, desencontros cotidianos, ausência de uma educação correta, tudo isso faz com que as novas gerações cresçam sem limites nem afetos.

Há muitos pais que, ao procurar fortalecer o vínculo de afeto e de confiança que deveriam manter com os filhos, acabam por lançar mão de soluções e meios inadequados para lidar com o emaranhado de problemas gerados pelas mais diversas circunstâncias da vida. Pais autoritários fragilizam seus filhos. Isso sem contar com o pantanoso universo da violência doméstica. É assustadora a brutalidade com que alguns homens, covardemente, buscam se impor às suas mulheres e filhas, principalmente. É claro que também há mulheres violentas que espancam seus maridos. Mas essa não é a regra. A norma recorrente é a de homens cruéis, embalados pela bebida, que destroem a família com ameaças e ações agressivas, violências simbólicas e reais. E há, ainda, muitas mulheres que não conseguem gritar por socorro, dominadas que estão pelo medo, pela acomodação ou, ainda, pela paixão.

Filhos que crescem em lares doentes têm maiores dificuldades em encontrar o equilíbrio interno. Algumas mães, por cuidado com os filhos, preferem continuar em casamento maculado pela violência a deixá-los sem pai. Talvez a opção devesse ser revista. Em um lar desfeito, os filhos continuam sendo filhos dos dois. Em um lar vitimado pela violência, os filhos acabam sendo filhos de ninguém. Sofrem por um pai covarde e sofrem por uma mãe permissiva. Um casal sem dignidade que destrói mentes e sentimentos.

A família tem o mais relevante papel no processo educativo. Tudo começa em casa. As primeiras lições de convívio,

PALAVRAS INICIAIS

de higiene, de valores, de palavras e de conceitos que ganham significado. Os primeiros olhares, as primeiras vozes a acompanhar e dar sentido ao que os filhos aprendem e apreendem. Os pais são os primeiros educadores, os tutores por natureza, desde o momento milagroso da concepção, o período prodigioso da gestação, até a chegada ao mundo. Quando o cordão umbilical, primeiro elo entre mãe e filho, tem de ser cortado, o canal de comunicação vital não se rompe, apenas se recompõe, assume outro sentido, adquire nova importância. É sob o olhar atento e vigilante da mãe que são presenciadas as primeiras carências, os choros por qualquer razão, o medo do abandono, o engatinhar, os ensaios de sons que vão ganhando forma, as quedas. Tudo se dá na família. As primeiras inquietações, os primeiros traumas. A segurança tão necessária para quem não tem ainda mecanismos próprios de defesa.

A criança não é como um animal que, em pouco tempo, ganha autonomia. O processo é mais lento. O ser humano é social. Não se desenvolve sem o contato humano e, para tanto, precisa aprender a se defender. Pai e mãe, ou aqueles que cumprem esse papel por ausência dos pais biológicos, precisam estar atentos a cada sinal lançado pela criança. O significado, a vida vai mostrando.

Em casa, aprende-se a amabilidade, que é qualidade de quem se faz digno do amor, de bem-querer. A pessoa amável é dotada de *delicadeza*, palavra que deriva do erudito "delgadeza" ('aquele que é delgado, refinado, fino, brando').

Os pais devem ensinar os filhos a serem amáveis e corrigi-los quando faltar gentileza nos primeiros ensaios de convivência:

- Diga "obrigado".
- Peça desculpas.
- Diga "por favor".
- Agradeça.
- Divida com seu irmão.
- Ofereça.

Em outras palavras, deve ser amável. Todo o tempo. Infelizmente, há muitos pais que dizem isso, ao mesmo tempo que se agridem na frente dos filhos. Dizem essas coisas e são incapazes de um gesto de gentileza com a funcionária que trabalha em casa. Brigam no trânsito, enganam os outros, dão péssimos exemplos aos filhos. A distância entre o discurso e a prática é um problema sério na formação da personalidade de uma criança. O pai – um super-herói no imaginário infantil – não deve fazer, em casa, o que o filho, na escola, aprende não ser correto. Enquanto na escola se aprende que não se deve enganar ninguém, que é preciso ser honesto, que é necessário ser educado, o pai ou a mãe, muitas vezes, agem de forma contrária a esses valores.

Um outro problema das famílias modernas provém do uso inadequado dos recursos propiciados pelo universo tecnológico. Meninos e meninas, diante de computadores, trancam-se em seus mundos e preferem as relações virtuais às reais. É melhor ter o poder de deletar o outro quando assim o desejar. É mais fácil namorar pela *web*, dizer apenas as verdades em que se acredita ou se finge acreditar. É mais cômodo inventar uma personagem do que assumir o desafio de enfrentar-se a si mesmo. Até as fotos disponibilizadas nessas salas de bate-papo são muitas vezes fraudulentas. E, quando o menino ou menina se olham no espelho, percebem que a personagem que inventaram não existe.

Ser amável é gostar de conviver, é gostar de gente. É sair de casa com disposição para pequenos gestos de encontro.

Palavras simples, olhares diretos, preocupações cotidianas com problemas alheios que possam ser resolvidos conjuntamente.

Uma família que conviva em harmonia e ensine o amor: eis o ideal pretendido neste livro. Os problemas cotidianos, evidentemente, não serão resolvidos de forma definitiva; os temperamentos diferentes não se conciliarão de uma só vez; a rotina será sempre um desafio; enfim, os percalços inerentes ao convívio familiar continuarão a existir, mas não terão o poder de destruir a fortaleza de uma família que educa.

O russo Máximo Gorki*, no romance *A mãe*, mostra a compreensão e o respeito construídos em família. Morto o pai (um retrato da violência na Rússia do início do século XX: sempre surrava alguém, bebia, não falava com a família), restam os quase desconhecidos mãe e filho: falavam pouco e quase não se viam. Um dia, o filho confessa à mãe que lê livros proibidos; mais tarde, acaba preso. A mãe vai, então, trabalhar como vendedora de marmitas numa fábrica, distribuindo disfarçadamente panfletos – panfletos também proibidos, que circulam exortando os operários a se unir e lutar por seus direitos:

---

*GORKI, Máximo. *A mãe*. Trad. S. Persky. Lisboa: Antiga Casa Bertrand, 1907, p. 289 e 418-9.

PALAVRAS INICIAIS

[...] no seu coração germinava um pensamento muito diverso, a sua memória fazia-lhe desfilar na frente a longa série dos acontecimentos passados nos últimos anos. Outrora, a vida, para ela, era como uma coisa criada não se sabia onde, muito longe não se sabia por quem, nem porquê, e agora, um número considerável de coisas se faziam à sua vista e com o seu próprio auxílio. E um vago sentimento se apoderava dela: era perplexidade e suave tristeza, contentamento e desconfiança de si mesma...

[...]

— É como se tivéssemos uma segunda vida! [...] todos, enfim, os que lutam pela verdade estão conosco!... E assim, tornamo-nos mais íntimos uns dos outros... E eu compreendo-os... não o que dizem, mas tudo o mais, sim, compreendo-o!... Tudo! [...] Os nossos filhos vão em marcha pela terra! Eis o que eu compreendo! Vão em marcha pela terra, por toda a terra e em toda a parte caminham para o mesmo fim! Arremessam-se ao assalto os melhores corações e os espíritos mais leais sem olharem para trás de si, para tudo que é mau e sinistro. E avançam, avançam... Débeis ou robustos todos dedicam as suas inteiras forças à mesma causa: a justiça! Juraram triunfar da desgraça; armaram-se para aniquilar o infortúnio da humanidade: querem vencer o horror e hão de vencê-lo. "Havemos de acender um novo sol", disse-me um deles. E hão de acendê-lo! "Havemos de reunir num só todos os corações despedaçados!", disse outro. E hão de fazê-lo.

Capítulo 1

O valor da compreensão e do respeito

Compreensão é a faculdade de perceber completamente, com perfeito domínio intelectual, uma pessoa, um objeto ou um assunto. Significa também a capacidade de demonstrar complacência, indulgência ou simpatia por outrem.

A compreensão ajuda a convivência. Um olhar de ternura para a dificuldade alheia faz toda a diferença. Como faz diferença a sensação de que esse olhar não é de julgamento, desprezo, mas de acolhimento. É visível o medo de alunos que não se sentem compreendidos porque se veem diminuídos na relação com o grupo. Têm medo de errar, de fracassar, de

CAPÍTULO 1 – O valor da compreensão e do respeito

envergonhar os pais. Têm medo de não ter inteligência ou talento para vencer na vida. Têm medo de não ser como o irmão tão elogiado pelos pais. Pais compreensivos aceitam as diferenças entre os filhos e os caminhos que cada um opta trilhar, segundo os impulsos das escolhas nascidas da reflexão. Talvez o que possam fazer é ajudar a refletir.

Há um pequeno conto de Eduardo Galeano, de inominável beleza, sobre a singeleza da relação entre pai e filho, que denota um momento de cumplicidade diante do mundo que se apresenta aos olhos do pequenino. O garoto nunca tinha visto o mar; e, uma vez frente à sua grandeza, pede ao pai que o ajude a ver. Pode ser que nem mesmo o pai do menino tivesse olhos para alcançar toda a imensidão do mar, ou talvez ele mesmo o estivesse vendo pela primeira vez, mas cumpre a sua função ao possibilitar ao filho a descoberta do mundo, com sua crucial presença quando o filho titubeia.

Pais compreensivos não esperam que os filhos vivam os sonhos não realizados por eles. A projeção da felicidade não é a felicidade. Daí a assertiva sartreana de que "o inferno são os outros", isto porque cada um projeta no outro a própria realização. E o resultado será a infelicidade para todo mundo. Professores compreensivos conseguem entender que a aprendizagem é múltipla e que cada aluno tem sua forma de aprender. E mais: têm a humildade de mudar de estratégia para que os alunos que estejam à margem, por qualquer motivo, sintam-se integrados à classe.

Compreensão faz com que casais, que se educam mutuamente, entendam que príncipes e princesas existem na ficção e alimentam os sonhos, mas que, na prática, são todos mortais, com as imperfeições e as idiossincrasias que marcam o ser humano. Imperfeições que desafiam. Os compreensivos se completam; por isso, respeitam-se e conseguem conviver em harmonia. É o que acontece quando os casais percebem que, apesar das manias, dos erros, das imperfeições, é melhor viver juntos. Quando não há expectativa exagerada de que o outro seja o resultado de um sonho romântico, o romantismo surge com mais força. São pessoas que se encantam com pessoas, frágeis e fortes, doentes e saudáveis, merecedoras do amor...

Na relação com os filhos, as projeções também são profundamente demolidoras de afetos. Os filhos são os filhos, não são

CAPÍTULO 1 – O valor da compreensão e do respeito

pedaços de um passado que não deu certo e que agora haverá de dar. Tudo que os pais não aprenderam quando criança, os filhos não terão, necessariamente, de o fazer. Dos cursos de idiomas às numerosas formas de esculpir o corpo. O filho não tem de ser perfeito. E aí surgem os problemas. A perfeição não existe.

A criança tem de se sentir acolhida em casa, sem precisar provar o tempo todo que é perfeita, que é a melhor, a mais inteligente etc.

Acolhimento é atitude da pessoa que apanha, reúne, coleta, colige e guarda tudo junto, entre os braços. É a imagem perfeita do apanhador de trigo, abraçando as ramas de grãos dourados. Quem acolhe, abrange, abraça, aceita.

E como é triste a sensação de não ser acolhido! O não acolhimento vem acompanhado de uma série de sentimentos ruins. O sentimento da rejeição, da pequenez, da pobreza, do desprezo, do homem feito coisa. Muitas vezes os pais não percebem que agem dessa forma. Fazem isso com tamanha naturalidade que o filho passa a ser apenas um detalhe.

Franz Kafka (1883-1924), um dos maiores escritores do século passado, só foi reconhecido como tal após a morte. Em vida, sua vocação literária não era aprovada pelo pai. Quando tinha 36 anos, ele escreveu um texto que nos ajuda na reflexão sobre o acolhimento em família. Assim começa a sua longa *Carta ao pai** que, afinal, nunca entregou ao destinatário:

Querido Pai:

Você me perguntou recentemente por que eu afirmo ter medo de você. Como de costume, não soube responder, em parte justamente por causa do medo que tenho de você, em parte porque na motivação desse medo intervêm tantos pormenores, que mal poderia reuni-los numa fala. E se aqui tento responder por escrito, será sem dúvida de um modo muito incompleto, porque, também ao escrever, o medo e suas consequências me inibem diante de você e porque a magnitude do assunto ultrapassa de longe minha memória e meu entendimento.

Para você a questão sempre se apresentou em termos muito simples, pelo menos considerando o que falou na minha presença e, indiscriminadamente, na de muitos outros. Para você as coisas pareciam ser mais ou menos assim: trabalhou duro a vida toda, sacrificou tudo pelos filhos, especialmente por mim, e graças a isso eu vivi "à larga",

CAPÍTULO 1 – O valor da compreensão e do respeito

desfrutei de inteira liberdade para estudar o que queria, não precisei ter qualquer preocupação com o meu sustento e portanto nenhuma preocupação; em troca você não exigiu gratidão – você conhece a "gratidão dos filhos" – mas pelo menos alguma coisa de volta, algum sinal de simpatia; ao invés disso sempre me escondi de você, no meu quarto, com meus livros, com amigos malucos, com ideias extravagantes, nunca falei abertamente com você, no templo não ficava a seu lado, nunca o visitei em Franzensbad[1], aliás nunca tive sentido de família, não dei atenção à loja nem aos seus outros negócios, a fábrica eu deixei nas suas costas e depois o abandonei, apoiei a obstinação de Ottla[2] e, se por um lado não movo um dedo por você (nem uma entrada de teatro eu lhe trago), pelos estranhos eu faço tudo. Se você fizesse um resumo do que pensa de mim, o resultado seria que na verdade não me censura de nada abertamente indecoroso ou mau (exceto talvez meu último projeto de casamento), mas sim de frieza, estranheza, ingratidão. E de fato você me recrimina por isso

---

1 - Cidade-balneário, na República Tcheca, onde a família passava as férias.
2 - A irmã mais nova e favorita de Kafka.

como se fosse culpa minha, como se por acaso eu tivesse podido, com uma virada do volante, conduzir tudo para outra direção, ao passo que você não tem a mínima culpa, a não ser talvez o fato de ter sido bom demais para mim.

Esse seu modo usual de ver as coisas eu só considero justo na medida em que também acredito que você não tem a menor culpa pelo nosso distanciamento. Mas eu também não tenho a menor culpa. Se pudesse levá-lo a reconhecer isso, então seria possível, não uma nova vida – para tanto nós dois estamos velhos demais – mas sem dúvida uma espécie de paz; não a cessação, mas certamente um abrandamento das suas intermináveis recriminações.

Curiosamente você tem alguma intuição daquilo que eu quero dizer. Assim, por exemplo, me disse há pouco tempo: "Eu sempre gostei de você, embora na aparência não tenha sido como costumam ser os outros pais, justamente porque não sei fingir como eles". Ora, no que me diz respeito, pai, nunca duvidei da sua bondade, mas considero incorreta essa observação. Você não sabe fingir, é verdade, mas querer afirmar só por esse motivo que os outros pais fingem, é ou mera mania de ter razão e não se discute mais, ou então – como de fato acho – a expressão velada de que as coisas entre nós não vão bem e de que você

CAPÍTULO 1 – O valor da compreensão e do respeito

tem a ver com isso, mas sem culpa. Se realmente pensa assim, então estamos de acordo.

Naturalmente não digo que me tornei o que sou só por influência sua. Seria muito exagerado (e até me inclino a esse exagero). É bem possível que, mesmo que tivesse crescido totalmente livre da sua influência, eu não pudesse me tornar um ser humano na medida do seu coração. Provavelmente seria um homem sem vigor, medroso, hesitante, inquieto, nem Robert Kafka nem Karl Hermann[3], mas completamente diferente do que sou na realidade – e teríamos podido nos tolerar um ao outro de uma forma magnífica. Eu teria sido feliz por tê-lo como amigo, chefe, tio, avô, até mesmo (embora mais hesitante) como sogro. Mas justo como pai você era forte demais para mim, principalmente porque meus irmãos morreram pequenos, minhas irmãs só vieram muito depois e eu tive, portanto, de suportar inteiramente só o primeiro golpe, e para isso eu era fraco demais.

Compare-nos um com o outro: eu, para expressá-lo bem abreviadamente, um Löwy[4] com certo fundo Kafka, mas que não é acionado pela vontade de viver, fazer negócios e conquistar dos Kafka, e sim por

---

[3] - Respectivamente, tio e cunhado (casado com a irmã mais velha, Elli).
[4] - Löwy é o nome de família da mãe.

um aguilhão dos Löwy, que age mais secreto, mais tímido, numa outra direção, e muitas vezes cessa por completo. Você, ao contrário, um verdadeiro Kafka na força, saúde, apetite, sonoridade de voz, dom de falar, autossatisfação, superioridade diante do mundo, perseverança, presença de espírito, conhecimento dos homens, certa generosidade – naturalmente com todos os defeitos e fraquezas que fazem parte dessas qualidades e para as quais o precipitam seu temperamento e por vezes sua cólera. Talvez você não seja totalmente um Kafka na sua visão geral do mundo, até o ponto em que posso compará-lo com tio Philipp, Ludwig, Heinrich[5]. Isso é curioso, aqui também não vejo muito claro. Todos eles eram sem dúvida mais alegres, mais dispostos, mais desenvoltos, mais despreocupados, menos severos que você. (Nisto, aliás, herdei muito de você e administrei bem demais a herança, sem no entanto ter no meu ser os contrapesos necessários, como você tem.) Por outro lado, porém, você nesse sentido atravessou épocas

---

5 - Irmãos do pai de Kafka.

CAPÍTULO 1 – O valor da compreensão e do respeito

diferentes, talvez fosse mais alegre antes que os filhos – eu em particular – o decepcionassem e oprimissem em casa (se vinham estranhos, você era outro) e talvez agora também tenha ficado de novo mais alegre, uma vez que os netos e o genro lhe devolvem algo daquele calor que os filhos não lhe puderam dar, a não ser talvez Valli[6]. Seja como for, éramos tão diferentes e nessa diferença tão perigosos um para o outro, que se alguém por acaso quisesse calcular antecipadamente como eu, a criança que se desenvolvia devagar, e você, o homem feito, se comportariam um com o outro, poderia supor que você simplesmente me esmagaria sob os pés e que não sobraria nada de mim. Ora, isso não aconteceu – o que é vivo não comporta cálculo – mas talvez tenha acontecido algo pior. Aqui, contudo, peço-lhe encarecidamente que não se esqueça de que nem de longe acredito numa culpa da sua parte. Você influiu sobre mim como tinha de influir, só que precisa deixar de considerar como uma maldade especial da minha parte o fato de eu ter sucumbido a essa influência.

---

6 - Valli é a irmã do meio, entre Elli e Ottla.

Eu era uma criança medrosa; é claro que apesar disso também era teimoso como o são as crianças; certamente também minha mãe me mimou, mas não posso crer que fosse um menino difícil de lidar, nem que uma palavra amável, um silencioso levar pela mão, um olhar bondoso não pudessem conseguir de mim tudo o que se quisesse. Ora, no fundo você é um homem bom e brando (o que se segue não vai contradizer isso, estou falando apenas da aparência na qual você influenciava o menino), mas nem toda criança tem a resistência e o destemor de ficar procurando até chegar à bondade. Você só pode tratar um filho como você mesmo foi criado, com energia, ruído e cólera, e neste caso isso lhe parecia, além do mais, muito adequado, porque queria fazer de mim um jovem forte e corajoso.

Naturalmente, hoje não posso descrever sem mediações seus métodos pedagógicos nos primeiros anos, mas posso talvez imaginá-los por dedução dos anos posteriores e a partir da maneira como você trata Félix[7]. Neste caso entra em consideração, como agravante, o fato

---

7 - Um sobrinho, filho da irmã Elli.

CAPÍTULO 1 – O valor da compreensão e do respeito

de que naquele tempo você era mais jovem, portanto mais disposto, mais genuíno, mais despreocupado do que hoje, e de que, além disso, inteiramente ligado aos negócios, mal podia se mostrar uma vez ao dia para mim e por isso a impressão que me causava era mais profunda ainda, tanto que jamais se banalizou em hábito.

De imediato eu só me recordo de um incidente dos primeiros anos. Talvez você também se lembre dele. Uma noite eu choramingava sem parar pedindo água, com certeza não de sede, mas provavelmente em parte para aborrecer, em parte para me distrair. Depois que algumas ameaças severas não haviam adiantado, você me tirou da cama, me levou para a *pawlatsche*[8] e me deixou ali sozinho, por um momento, de camisola de dormir, diante da porta fechada. Não quero dizer que isso não estava certo, talvez então não fosse realmente possível conseguir o sossego noturno de outra maneira; mas quero caracterizar com isso seus recursos educativos e os efeitos que eles tiveram sobre mim. Sem dúvida, a partir daquele momento eu me tornei obediente, mas fiquei internamente lesado. Segundo a minha índole, nunca pude relacionar direito a naturalidade daquele ato inconsequente de pedir água, com o terror extraordinário de ser arrastado

---

8 - Em tcheco, 'balcão ou varanda de uma casa'.

> para fora. Anos depois eu ainda sofria com a torturante ideia de que o homem gigantesco, meu pai, a última instância, podia vir quase sem motivo me tirar da cama à noite para me levar à *pawlatsche* e de que, portanto, eu era para ele um nada dessa espécie.
>
> [...]
>
> ❋ *KAFKA, Franz. *Carta ao pai*. (em pdf), s/d, p. 2-5. Disp. em: <http://www.4shared.com/office/Fc3OBTqc/Franz-Kafka-Carta-ao-Pai.htm>. Acesso em: 11 abr. 2014.

Muitos pais tendem a acreditar que os filhos, por serem crianças, não têm a percepção exata de seus atos, de suas palavras, de seus descasos. Mas a criança é como uma esponja que vai absorvendo todas as impressões do ambiente em que vive, sejam elas boas ou más. São marcas indeléveis que vão se impregnando na formação de seu caráter.

A família é o alicerce da vida de uma pessoa. É o espaço privilegiado de formação. Quando o alicerce é bem-feito, as muitas reformas que precisarão ser realizadas não colocarão em risco a edificação. Quando não há alicerce sólido, o trabalho torna-se muito mais difícil, pois a cada mudança o edifício pode

CAPÍTULO 1 – O valor da compreensão e do respeito

cair por inteiro. E, na vida, as mudanças virão certamente. Os caminhos levam a lugares tão diferentes, as profissões mudam, os encontros e desencontros se sucedem; enfim, a travessia é cheia de novos cenários e, para isso, é preciso estar preparado.

Os pais não devem se cansar de educar os filhos, mesmo quando eles parecem não estar aprendendo nada; mesmo quando a rebeldia fizer questão de levá-los para uma postura contrária a tudo o que foi ensinado. É fundamental desenvolver-lhes determinação e autonomia para enfrentar os desafios da vida. A cada fase, uma preocupação. Primeiro, a fragilidade do bebê; depois, os pequenos aprendizados, a infância e suas birras; em seguida, a adolescência com suas transformações e incertezas, a juventude e a rebeldia. A construção do futuro, os empregos frustrados, as relações amorosas complexas. Assim é a vida, e os pais participam e sofrem juntos. Há igualmente momentos de profunda realização, talvez a maior parte deles, se esses filhos souberem entender a arte da vida. E chegará o momento em que esses pais não estarão mais por perto e, então, falarão mais alto os ensinamentos. O legado é este: deixar valores que norteiem a vida dos filhos para sempre. A honestidade é um deles. Se há algumas coisas que podemos negociar, há outras que são inegociáveis. O respeito ao ser humano não é negociável. O respeito aprende-se em casa.

O respeito do marido pela esposa, da mãe pelo pai que passa as noites trabalhando, do filho pelo sentimento de amor traduzido na preparação do lanche, na espera dos alimentos sobre a mesa, no calor do lar mantido pela água fervendo no fogão. Pequenos gestos de amor e gentileza, a lembrança carinhosa na ausência do outro, a expectativa da chegada. Tudo isso edifica, ensina, permanece e se multiplica na vida dos filhos. Tanto assim que o mesmo Kafka* também confessa ao pai guardar a lembrança de

[...] quando você sofria em silêncio e o amor e a bondade superavam com a sua força qualquer oposição e comoviam de forma imediata. Embora raro, era maravilhoso. Por exemplo, quando nas tardes quentes de verão eu o via dormir um pouco, cansado, na loja, com os cotovelos apoiados no balcão; ou quando você chegava aos domingos, esfalfado, para nos visitar nas férias de verão; ou a vez em que, durante uma doença grave da minha mãe, você se apoiou nas

CAPÍTULO 1 – O valor da compreensão e do respeito

> estantes de livros, trêmulo de tanto chorar; ou quando na minha última doença você veio em silêncio me ver no quarto de Ottla, ficou parado na soleira da porta, apenas esticou o pescoço para me avistar na cama e por consideração só fez um cumprimento com a mão. Naqueles momentos eu me estendia no leito e chorava de felicidade, e choro ainda agora enquanto escrevo.

 *KAFKA, Franz. *Carta ao pai*. (em pdf), s/d, p. 15. Disp. em: <http://www.4shared.com/office/Fc3OBTqc/Franz-Kafka-Carta-ao-Pai.htm>. Acesso em: 11 abr. 2014.

"Respeito" é palavra que significa, na sua origem latina (*respectus*), 'a ação de olhar para trás', ou seja, de olhar os ensinamentos que ficaram para trás, de olhar as pessoas que passaram e contemplar as que não passaram. Respeito é o tratamento que todo ser humano merece. Não se pode magoar, pisar, ultrajar, a quem quer que seja. Mesmo aquele que merece punição deve sofrê-la sem deixar de ser respeitado. Por isso a lei prevê um tratamento digno àquele que comete algum delito e que, por isso, deve ser privado de liberdade. Mesmo na prisão, ele merece respeito.

Geralmente se utiliza a palavra "respeito" para definir a atitude desejável diante de pessoas mais velhas, porque são mais vividas, mais sofridas. Os mais velhos merecem respeito, sim. É fundamental que os pais ensinem aos filhos, com palavras e atitudes, a demonstrarem esse respeito. Devem os mais velhos passar à frente nas filas, ter primazia nos transportes, atendimento prioritário em hospitais, bancos e outros serviços. O cansaço dos anos e a fragilidade física lhes dão esse direito. Não se trata de piedade, mas de dignidade.

A criança também merece respeito, trata-se de um ser em formação. O Estatuto da Criança e do Adolescente traduz-se num corolário de direitos de que são detentoras as crianças. Essa lei traz proibições necessárias, inclusive aos pais e a outros educadores. Faz exigências ao próprio Estado quanto ao atendimento das necessidades das crianças. Elas não podem ser humilhadas nem agredidas. Têm o direito à felicidade, ao amor.

Merece respeito o trabalhador, independentemente de sua profissão. Por isso fala-se tanto em "ambiente de trabalho", que deve ser salutar para que cada um desenvolva as suas potencialidades. Como é bom trabalhar em ambiente em que as

CAPÍTULO 1 – O valor da compreensão e do respeito

pessoas se respeitam; em que há hierarquia, mas não humilhação ou prepotência!

Merece respeito qualquer ser humano, homem ou mulher, de qualquer origem. E isso se ensina em casa, com uma família que compreende as diferenças e que valoriza os afetos. O exemplo dos pais faz com que os filhos venham a ter determinação para não se dobrarem frente às aparências nem ao dinheiro. Quantos jovens se perdem por aí em busca de dinheiro fácil, fazem qualquer coisa para realizar o direito do ter. Não possuem a determinação de esperar o tempo certo para a conquista do que se deseja de forma prudente. Não aprenderam a recusar o errado e isso, às vezes, causa a derrocada de toda uma vida.

Respeitar alguém é entender os seus limites, pois limites todos têm. É entender os seus sonhos, porque sonhos todos têm. Os pais precisam saber que a criança não será o resultado de um desenho, feito em mente, da perfeição. Os pais que esperam muito dos filhos dão a eles uma carga de responsabilidade maior do que a necessária. E fazem com que sofram com as incertezas de realizar o sonho alheio. Exigir isso dos filhos é não entender a beleza da paternidade e da maternidade. Tantas histórias eu presenciei na minha vida de educador, casos de desrespeito e incompreensão em famílias doentes!

John Locke, filósofo inglês do final do século XVII, escreveu que *de todos os homens a quem encontramos, nove ou dez são o que são, bons ou maus, úteis ou não, pela sua educação. É o que faz a grande diferença na humanidade: as pequenas e quase sutis impressões de nossa tenra infância têm consequências muito importantes e duradouras.*

As famílias doentes deformam a face de uma criança e roubam dela o direito de crescer em harmonia. É a metáfora da planta torta que terá enorme dificuldade em endireitar depois que sua raiz estiver robustecida pelo tempo. Locke foi ousado em sua época ao lutar contra os castigos corporais que frequentavam as casas e as escolas. É desrespeito e covardia bater em uma criança.

Os pais não podem e não devem bater nos filhos. Compreender a formação de um caráter significa entender que as negociações e os limites não precisam frequentar as esferas de

CAPÍTULO 1 – O valor da compreensão e do respeito

um poder transformado em medo por uma violência sem sentido. Os filhos têm de obedecer aos pais por respeito, não por medo. O medo impede a autonomia e fragiliza o amor. Os filhos, por medo, deixam de perguntar-lhes sobre as dúvidas que a convivência com o mundo suscita. E sonham em se libertar do lar. Antecipam casamento ou escolhem estudar em outra cidade para se libertar do pai ou da mãe opressora. A família precisa acolher, não expulsar.

Na família, aprende-se a aceitação do que se é e do que se gostaria de ser. "Aceitação" é uma das palavras mais bonitas da língua portuguesa. Sua etimologia latina remete ao significado de 'ter o hábito de receber e acolher'. De perceber, de ouvir, de conceber, de compreender, enfim.

O ser humano viveu algumas utopias na chamada modernidade. O desejo de dominar o mundo pela razão, de dominar a ciência, a felicidade, as relações humanas. O desejo de intervir no tempo e parar o envelhecimento, ou, quem sabe, a morte. Muitas dessas utopias se desacreditaram. A ciência não necessariamente melhorou o ser humano. Não se conseguiu dominar quase nada, e a fragilidade da vida continua a mesma.

A inteligência humana tem limites. Obviamente, é extraordinário quando se consegue descobrir a cura para alguma doença, fabricar um móvel mais confortável, inventar um meio mais rápido de se transmitir informações, e assim sucessivamente. Esses desafios são fundamentais para que o ser humano não se acomode. Entretanto, há coisas que não podem ser mudadas, e aí vem a riqueza da gentileza da compreensão.

A começar do universo intrínseco. É fundamental que uma pessoa se aceite como é. Isso não significa que não possa mudar, evoluir, melhorar. Entretanto, deve aceitar a família em que nasceu, porque foi essa e não outra. Deve aceitar que a idade que tem hoje é diferente daquela que já teve, porque o tempo é implacável. Aceitar que o envelhecimento faz parte da vida é imprescindível para a felicidade. Pessoas que não se conformam com as perdas que o tempo traz, com a morte de entes queridos, por exemplo, vivem amarguradas, e esse sentimento acaba se refletindo nas suas relações com as outras pessoas. Não há como não aceitar perdas de possibilidades, perdas de rigidez da pele e dos músculos. Há elementos que retardam o processo e, inclusive, ajudam a ter melhor qualidade de vida.

CAPÍTULO 1 – O valor da compreensão e do respeito

Alimentação saudável, prática de atividades físicas, meditação, boa convivência. Tudo isso traz benefícios e auxilia na construção de uma vida digna. Porém, por oposição à inconstância da vida, a nossa aceitação deve ser constante.

No universo da compreensão e do respeito, Sêneca* reflete sobre a busca de equilíbrio em meio à inconstância, numa carta a que deu este título feliz:

Da brevidade da vida

Sêneca saúda o amigo Lucílio

Meu Lucílio, é de fato alguém indiferente e negligente quem traz à memória um amigo a partir da visão de algum lugar. Algumas vezes, lugares familiares evocam em nosso espírito a lembrança adormecida, permitem que a memória se apague, mas a despertam do torpor; assim se reanima a dor de quem sofre, mesmo que seja algo já amortecido pelo tempo, tal como a visão de um servo doméstico ou uma roupa ou a casa. Eis como a Campânia e, sobretudo, Nápoles, e a vista da tua Pompeia, de modo incrível, trouxeram até mim lembranças tuas: tu estás inteiro diante de meus olhos. É como se fosse o momento da nossa despedida. Vejo as tuas lágrimas, não podendo conter a tua emoção, que brotam quando procuras reprimi-las.

Parece que eu acabara de te perder há pouco tempo, mas o que é esse "há pouco tempo" se estou recordando? Há pouco tempo, eu era um menino sentado na escola do filósofo Sotione; há pouco tempo, comecei a discutir causas; há pouco tempo, resolvi não discuti-las mais; há pouco tempo, já não posso mais fazê-lo. Infinita é a velocidade do tempo, a qual parece maior quando olhamos para trás. Pois aos atentos ao presente engana, porque leve é a passagem de sua fuga precipitada.

Queres a causa disso? Todo o tempo transcorrido está no mesmo lugar; o vemos simultaneamente, está tudo junto. Todas as coisas caem no mesmo buraco. E, além disso, não podem existir grandes intervalos em uma coisa que, na sua completude, é breve. O que vivemos é um instante, menos que um instante; porém, a natureza dividiu essa coisa mínima para dar aparência de duração a esse

CAPÍTULO 1 – O valor da compreensão e do respeito

pequeno espaço de tempo. De uma parte, fez a infância, de outra, a meninice, depois a adolescência, o declínio da adolescência à velhice e, por fim, a própria velhice. Em algo tão estreito, quantos degraus há!

Há pouco tempo me despedi de ti; e, todavia, esse "há pouco tempo" é uma boa parte da nossa existência, cuja breve duração, pensemos, um dia terminará. Não me parece que no passado o tempo fosse tão veloz. Agora, a sua rapidez me parece incrível, seja porque percebo que o fim se aproxima, seja porque comecei a observar e fazer as contas das minhas perdas.

[...]

Ensina-me algo contra esses males: faz com que eu não fuja da morte, que a vida não fuja de mim. Encoraja-me contra as dificuldades, sobre a equanimidade, acerca dos males inevitáveis; relaxa as angústias da minha idade. Ensina-me que o valor da vida não está na sua duração, mas no uso que dela pode ser feito; que pode acontecer, como acontece com frequência, que quem viveu muito, muitas vezes, viveu pouco. Dize-me, quando eu estiver por adormecer, "podes não acordar mais"; e, quando eu estiver acordado, "podes não dormir mais". Dize-me, quando estiver eu saindo, "podes não voltar"; e, quando eu estiver de volta, "pode ser que não saias mais".

Erras se pensas que apenas na navegação a vida se distancia pouco da morte: em todo lugar essa distância é tênue. A morte não se mostra em todos os lugares, mas em todos os lugares ela está próxima. Dissipa essas trevas e mais facilmente me ensinarás as coisas para as quais já estou preparado. A natureza nos criou dóceis e nos deu uma razão imperfeita, mas capaz de aperfeiçoar-se.

Discute comigo sobre a justiça, sobre a piedade, sobre a sobriedade, sobre as duas formas de pudor, aquela que não viola o corpo alheio, bem como a que cuida de si mesmo. Se não me quiseres conduzir por desvios, chegarei mais facilmente à meta a que me dirijo, pois, como diz o famoso trágico: "O discurso da verdade é simples". Assim, não é preciso complicá-la, pois nada convém menos a um espírito que tem grandes aspirações que essa inferior astúcia. Passa bem!

*SÊNECA. *Aprendendo a viver*. Trad. Lúcia Sá Rebello. Porto Alegre: L&PM, 2011, p. 44-7.

CAPÍTULO 1 – O valor da compreensão e do respeito

Sem justiça, não há educação. Sem compreensão, não há superação dos erros, e, sem respeito pelo outro e por nós mesmos, não há vida digna.

Capítulo 2

Dizer "sim" e dizer "não"

Dizer "sim" é mais fácil do que dizer "não". O ser humano é animal social e precisa da aprovação do outro para viver em harmonia consigo mesmo. Não consegue desenvolver-se sozinho. Por mais dolorosa que seja a caminhada na convivência de pessoas que magoam, traem, humilham, destroem, sem elas não há como caminhar.

Na convivência, o acolhimento dos nossos pedidos torna mais fácil a relação com o outro. Não necessariamente mais correta, mais profunda. A arte de dizer "sim" ajuda a moldar

CAPÍTULO 2 – Dizer "sim" e dizer "não"

o amor-próprio, o respeito às escolhas, a direção etc. Dizer "sim" é demonstrar que as opções do outros, embora muitas vezes diferentes da minha, têm sentido e conduzem a um bom caminho.

Dizer "sim" é proporcionar uma sensação imediata de prazer a quem pediu. A criança pede um brinquedo, e o pai diz "sim". Pede para dormir na casa de um colega, e a mãe diz "sim". Pede um prato diferente no almoço, e o pai diz "sim". Pede uma viagem de férias, e a mãe diz "sim". Pede que lhe contem uma história de dormir, pede um beijo de boa-noite, pede um sorriso de bom-dia, e recebe um "sim" pleno de desejo de que aqueles dias infantis se convertam em entardeceres preciosos de uma vida digna.

O sorriso do filho pela aceitação do pai e da mãe é como um corolário de joias que enfeita a relação da família. E é exatamente por isso que não há problema algum em concordar com os desejos dos filhos. Na maior parte do tempo, dizemos "sim" porque as escolhas são mais corretas do que erradas, principalmente antes dos vícios tomarem conta de nossa personalidade.

Dizer "não" é mais complicado. O "não" assusta, afasta, incomoda. O "não" destrói a lógica do pedido e do desejo da aceitação. Custa ver o sorriso transmutado em decepção quando se ouve um "não". A alegria da espera se converte, na melhor das hipóteses, em paciência e compreensão. Geralmente, a criança sofre ao receber um "não". Arrepende-se do pedido feito em hora inoportuna. E lamenta um sofrimento que, aos olhos dos adultos, é uma bobagem, mas que para ela é um corte em sua pequena trajetória.

Cortes são necessários. Sem a devida poda, a árvore não cresce. O "não" consciente é o "não" que protege sem sufocar, é o "não" que orienta para a vida aquele que ainda não tem o discernimento das escolhas.

Alguns pais dizem "sim" porque se cansaram de tentar explicar o que é correto e acham que todo o esforço foi em vão. Outros porque perderam a crença na humanidade e desacreditam do próprio poder de construir um mundo correto.

CAPÍTULO 2 – Dizer "sim" e dizer "não"

É de Rui Barbosa* esta oração:

> De tanto ver triunfar as nulidades, de tanto ver prosperar a desonra, de tanto ver crescer a injustiça, de tanto ver agigantarem-se os poderes nas mãos dos maus, o homem chega a desanimar da virtude, a rir-se da honra, a ter vergonha de ser honesto.

 *BARBOSA, Rui. Requerimento de informações sobre o caso do Satélite – II. Sessão em 17 de dezembro de 1914. In: *Obras Completas de Rui Barbosa*. Discursos Parlamentares. Vol. 41, t. 3, 1914, p. 69-97. Disponível em: <http://www.jornalolince.com.br/2009/out/pages/rui-barbosa.php> Acesso em: 12 mar. 2014.

Talvez os jornais tragam mais notícias desagradáveis do que agradáveis. Talvez a desonestidade seja mais glamorizada que a correção. A injustiça é noticiada, a justiça, não. Os fatos terríveis de violência, de desonra, de maldade não podem retirar o ânimo da virtude. Sou daqueles que acreditam que o mal é exceção.

Chico Buarque, grande observador e crítico dos paradoxos do comportamento humano, tornou famosa a música "Notícia de Jornal", composta por Luís Reis e Haroldo Barbosa, que trata, com ironia, da voracidade da mídia em anunciar a desgraça, em detrimento da dor.

Os pais precisam dizer "não" para os filhos nas vezes em que estes negarem o bem. As explicações, ora econômicas, ora abundantes, podem minimizar as frustrações e aproximar ainda mais a família.

Ouvi esta história de uma amiga. Era um Natal, ela pediu uma vitrola (isso faz algum tempo) para o pai. O pai não tinha dinheiro e sabia que a filha, como as outras amigas da sua escola, sonhava com um presente bonito de Natal. Ele não disse nada. E, na noite de Natal, pôs a menina no colo e lhe entregou um presentinho. Antes, o pai explicou:

— Filha, você merece as coisas mais lindas deste mundo, mas eu não tenho dinheiro para lhe dar muitas delas. A vitrola vai ficar para outro ano, este ano eu vou lhe dar a filhinha da vitrola.

E deu a ela um radinho pequeno, que era o que permitiam as suas posses. Isso faz tanto tempo, e a filha ainda se lembra, com o maior orgulho, do que lhe disse o pai amado. Talvez, se ele tivesse lhe dado a vitrola, ela já até houvesse esquecido a história, mas o gesto de criatividade frente ao "não" necessário, com explicações breves e ternas, marcaram a sua relação com o pai.

CAPÍTULO 2 – Dizer "sim" e dizer "não"

Os pais precisam dizer "não" quando perceberem que as escolhas não estão sendo corretas.

— Você não vai viajar sozinho. Vai chegar o dia em que você escolherá as suas companhias. Por enquanto, nós escolhemos juntos.

— Não vai ter computador no seu quarto. Eu sinto muito. Vamos colocar os computadores na área comum da casa. Tem tempo pra tudo. E o tempo de dormir é essencial pra você.

— Você vai à escola, sim, e pare de fingir doença. Essas mentiras não combinam com você.

— Não vai fumar, não. Eu decido ainda o que faz bem ou mal para você.

— Não vai usar carteirinha falsificada, não. A honestidade é um valor na nossa casa.

— Devolva o troco errado. Você não precisa disso.

Ou quando criança:

— Escolha apenas um brinquedo.

— Não. Nunca bata nas pessoas. Peça desculpas.

— Sem birra. Você não precisa disso.

— Pronto, já brincou demais, é hora de dormir.

— Não. Você não vai comigo. A escolha foi sua. Não falei que era preciso estudar mais cedo?

— Eu te amo, meu filho, por isso temo que você se machuque. Não suba mais na mesa.

A sinceridade dos pais ajuda a construir um vínculo significativo com seus filhos. Criar pequenos tiranos não contribui para a necessária preparação das crianças para a condução de uma vida pessoal e profissional em que o "sim" e o "não" deverão conviver com muita frequência. Os filhos precisam de limites. Precisam de limites de horário, de estudo, de lazer, de encontros. Precisam de limites até para aprender a se alimentar corretamente. São seres em formação, em construção.

Há crianças que fazem das birras um jogo constante para conseguir a atenção e a aprovação dos pais. E os pais cedem. E permitem que elas façam o que quiserem. São crianças mimadas, que terão enorme dificuldade de convivência, por não terem aprendido a ouvir um "não". E quem não aprendeu com

CAPÍTULO 2 – Dizer "sim" e dizer "não"

o "não" terá maior trabalho em dizer "não" para as coisas que ferem o caráter e a própria vida.

O jovem que jamais ouviu "não" poderá ter mais problemas em dizer "não" para as drogas, para a violência, para o álcool. Ninguém lhe preparou para a vida.

Ao dar a conhecer à criança as razões que sustentam o seu "não", o adulto ajuda o mais jovem a entender que nem tudo é permitido, dando início a um processo de convencimento interno que ajuda a organizar os desejos. Os desejos fazem parte da vida de toda pessoa, mas são inferiores às escolhas. Saber escolher significa dizer "sim" para algumas coisas e "não" para outras. Saber escolher significa harmonizar os ofícios profissionais com o lazer. Significa cuidar do bem-estar. Significa ter autonomia.

Não é possível desenvolver autonomia sem capacidade de escolha. E a capacidade de escolha se aprende desde cedo como um hábito, como a gentileza, que também se aprende ouvindo "sim" e "não".

Os pais se doam aos filhos. Doar significa presentear, brindar, entregar sem a expectativa de receber algo em troca ou em pagamento. Os pais dão generosamente o que são e o que têm aos filhos. É uma entrega gentil de amor, que não deve ser interpretada como permissividade nem servir de pretexto para a omissão diante de erros, mas como preparação para a vida. Famílias gentis têm maior probabilidade de gerar filhos gentis.

Nas relações humanas, a gentileza surge como uma doação, isto é, doa-se o conhecimento para quem está perdido e necessita de uma informação. Os filhos estão perdidos com medo do fracasso, das escolhas erradas, dos vestibulares, dos amores não correspondidos, dos vazios de uma alma entremeada por belezas e estranhezas. E os pais podem ajudar os filhos a se informarem sobre as mais variadas situações da vida, sem roubar-lhes o prazer de conhecer o mundo com os próprios olhos.

Um pai ajuda uma senhora que não consegue tirar sozinha a mala que está no bagageiro. E o filho repara. Uma mãe dá lugar a uma cansada senhora, em uma fila qualquer. E o filho repara. Um pai ouve as perguntas de um estrangeiro perdido, uma mãe ajuda como voluntária em um asilo, um pai não responde a provocações no trânsito, uma mãe trata

CAPÍTULO 2 – Dizer "sim" e dizer "não"

com delicadeza a empregada da casa. E o filho repara. Esses são ensinamentos preciosos que ajudam a formar o caráter e que preparam para a vida.

Além do bem que fazem aos filhos, as ações corretas dos pais ajudam a ter, eles próprios, uma vida mais feliz. A doação ao outro é o contrário da ganância. Quem quer tudo para si é incapaz de perceber o outro. E esse desejo incontrolável de ter tudo impede a gentileza, a felicidade. É por isso que dizer "não" a algum capricho do filho é importante. Ter tudo não é correto nem possível. A doação ao outro faz um bem enorme ao doador. Pequenas ações cotidianas de amor se refletem no humor, na disposição de viver, na vontade de conviver. Ao contrário do que possa parecer, quem tenta levar vantagem é sempre atormentado pelo desejo de ganhar. Não entende o que significa, de fato, ganhar.

É disso que trata o texto do imperador-filósofo Marco Aurélio (121-180 d.C.), cujas *Meditações** começam por reconhecer a preocupação não só dos professores mas também dos pais em transmitir todos os ensinamentos possíveis para que pudessem sobreviver às intempéries da vida.

LIVRO I

1. A cortesia e a serenidade, aprendi-as eu, primeiro, com o meu avô.

2. A virilidade sem alardes, aprendi-a com aquilo que ouvi dizer e recordo do meu pai.

3. A minha mãe deu-me um exemplo de piedade e generosidade, de como evitar a crueldade – não só nos actos, mas também em pensamento – e de uma simplicidade de vida completamente diferente daquilo que é habitual nos ricos.

4. Ao meu bisavô fiquei a dever o conselho de que dispensasse a educação da escola e, em vez disso, tivesse bons mestres em casa – e de que me capacitasse de que não se devem regatear quaisquer despesas para este fim.

5. Foi o meu tutor que me dissuadiu de apoiar o Verde ou o Azul[9], nas corridas, ou o Leve ou o Pesado[10], na arena; e me incentivou a não recear o trabalho, a ser comedido nos meus desejos, a tratar das minhas próprias necessidades, a meter-me na minha vida, e a nunca dar ouvidos à má-língua.

---

9 - Eram as cores dos aurigas, indivíduos que, no circo, para entusiasmo dos romanos, guiavam carros puxados por cavalos em competições onde ganhavam fama e riqueza.
10 - Referência a combates de gladiadores, que usavam escudos redondos (leves) ou retangulares (pesados).

CAPÍTULO 2 – Dizer "sim" e dizer "não"

6. Graças a Diogneto[11] aprendi a não me deixar absorver por actividades triviais; a ser céptico em relação a feiticeiros e milagreiros com as suas histórias de encantamentos, exorcismos e quejandos; a evitar as lutas de galos e outras distracções semelhantes; a não ficar ofendido com a franqueza; a familiarizar-me com a filosofia, começando por Bacchio e passando depois para Tandasis e Marciano[12]; a redigir composições, logo em pequeno; a ser entusiasta do uso do leito de tábuas e pele, bem como de outros rigores da disciplina grega.

7. De Rústico[13] obtive a noção de que o meu carácter precisava de treino e cuidados, e que não me devia deixar perder no entusiasmo sofista de compor tratados especulativos, homilias edificantes, ou representações imaginárias de O Asceta ou de O Altruísta. Também me ensinou a evitar a retórica, a poesia, e as presunções verbais, os amaneiramentos no vestuário em casa, e outros lapsos de gosto deste gênero, e a imitar o estilo epistolar simples utilizado na sua própria carta a minha mãe, escrita em Sinuessa. Se alguém, depois de se zangar comigo

---

11 - Pintor e filósofo, com quem o futuro imperador teve, aos onze anos, seu primeiro contato com o estoicismo.
12 - De Bacchio, Tandasis e Marciano, nada se sabe.
13 - Júnio Rústico, estoico que foi seu tutor e amigo.

num momento de mau humor, mostrasse sinais de querer fazer as pazes, devia mostrar-me logo disposto a ir ao encontro dos seus desejos. Também devia ser rigoroso nas minhas leituras, não me contentando com as meras ideias gerais do seu significado; e não me deixar convencer facilmente por pessoas de palavra fácil. Por ele, vim também a conhecer as Dissertações de Epicteto, das quais ele me deu uma cópia da sua biblioteca.

8. Apolónio[14] convenceu-me da necessidade de tomar decisões por mim mesmo, em vez de depender dos acasos da sorte, e nunca, nem por um momento, perder de vista a razão. Também me instruiu no sentido de encarar os espasmos de uma dor aguda, a perda de um filho e o tédio de uma doença crónica sempre com a mesma inalterável compostura. Ele próprio era um exemplo vivo de que nem mesmo a energia mais impetuosa é incompatível com a capacidade de descansar. As suas exposições eram sempre um modelo de clareza; contudo, era claramente alguém para quem a experiência prática e aptidão para ensinar filosofia eram os talentos menos importantes. Foi ele, além disso, que me ensinou a aceitar os pretensos favores dos amigos sem me rebaixar ou dar a impressão de insensível indiferença.

---

14 - Professor de filosofia, original da Calcedônia, antiga cidade grega situada onde hoje fica Istambul. Quando Marco Aurélio chamou-o pela primeira vez ao palácio, dizem que a resposta foi: "O mestre não deve ir ter com o aluno, mas o aluno com o mestre".

CAPÍTULO 2 – Dizer "sim" e dizer "não"

9. As minhas dívidas para com Sexto[15] incluem a bondade, a maneira como dirigir o pessoal da casa com autoridade paternal, o verdadeiro significado da Vida Natural, uma dignidade natural, uma intuitiva preocupação pelos interesses dos amigos, e uma paciência bem disposta com os amadores e os visionários. A disponibilidade da sua delicadeza para com toda a gente emprestava à sua convivência um encanto superior a qualquer lisonja, e, contudo, ao mesmo tempo, impunha o completo respeito de todos os presentes. Também a maneira como ele precisava e sistematizava as regras essenciais da vida era tão ampla quanto metódica. Nunca mostrando sinais de zanga ou qualquer emoção, ele era, ao mesmo tempo, imperturbável e cheio de bondosa afeição. Quando manifestava a sua concordância, fazia-o sempre calma e abertamente, e nunca fazia alarde do seu saber enciclopédico.

10. Foi o crítico Alexandre[16] que me pôs em guarda contra a crítica supérflua. Não devemos corrigir bruscamente as pessoas pelos seus erros gramaticais, provincialismos, ou má pronúncia; é melhor sugerir a expressão correcta, apresentando-a nós próprios delicadamente, por exemplo, numa nossa resposta a uma pergunta, ou na concordância

---
15 - Neto de Plutarco, um dos seus primeiros professores de filosofia.
16 - Conhecido como "o Gramático", foi um erudito grego de grande reputação.

com as suas opiniões, ou numa conversa amigável sobre o próprio tema (não sobre a dicção), ou por qualquer outro tipo de advertência.

11. Ao meu conselheiro Fronto[17] devo a percepção de que a maldade, a astúcia e a má-fé acompanham o poder absoluto; e que as nossas famílias patrícias tendem, na sua maior parte, a carecer de sentimentos de humanidade.

12. O platonista Alexandre[18] acautelou-me contra o uso frequente das palavras "Estou muito ocupado" na expressão oral ou na correspondência, excepto em casos de absoluta necessidade; dizendo que ninguém deve furtar-se às obrigações sociais devidas, com a desculpa de afazeres urgentes.

13. O estoico Catulo[19] aconselhou-me a nunca menosprezar a censura de um amigo, mesmo quando pouco razoável, mas, em vez disso, fazer o possível por voltar a agradar-lhe; a falar pronta e abertamente em louvor dos meus instrutores, como se lê nas memórias de Domítio e Athenodoto; e a cultivar um genuíno afecto pelos meus filhos.

---

17 - M. Cornélio Fronto, famoso advogado e professor de retórica.
18 - Secretário do imperador.
19 - Cinna Catulo, outro professor de filosofia.

CAPÍTULO 2 – Dizer "sim" e dizer "não"

14. Com meu irmão Severo[20] aprendi a amar os meus familiares, a amar a verdade e a justiça. Por ele tomei conhecimento de Thraseia, Catão, Helvidio, Dião e Bruto, e familiarizei-me com a ideia de uma comunidade baseada na igualdade e liberdade de expressão para todos, e de uma monarquia preocupada sobretudo em garantir a liberdade dos seus súbditos. Ele revelou-me a necessidade de uma avaliação desapaixonada da filosofia, do hábito das boas acções, da generosidade, de um temperamento cordial, e da confiança no afecto dos meus amigos. Recordo, também, a sua franqueza para com aqueles que mereciam a sua repreensão, e a maneira como ele não deixava dúvidas aos amigos sobre aquilo de que gostava ou que detestava, dizendo-lho claramente.

15. Máximo[21] foi o meu modelo de autocontrole, firmeza de intenções e de boa disposição em situações de falta de saúde e de outros infortúnios. O seu carácter era uma mistura admirável de dignidade e encanto, e todos os deveres inerentes à sua condição eram cumpridos sem alardes. Deixava em toda a gente a convicção de que acreditava no que dizia e agia da maneira que lhe parecia a correcta. Não conhecia o espanto ou a timidez; nunca mostrava pressa, nunca adiava; nunca se

---

20 - Marco Aurélio não tinha irmãos; pode ser uma referência a Cláudio Severo, cujo filho tornou-se genro do imperador.
21 - Cláudio Máximo, filósofo estoico.

sentia perdido. Não se entregava ao desânimo nem a uma alegria forçada, nem sentia raiva ou inveja de qualquer poder acima dele. A bondade, a simpatia e a sinceridade, todas contribuíam para deixar a impressão de uma rectidão que lhe era mais inata do que cultivada. Nunca se superiorizava a ninguém, e contudo ninguém se atrevia a desafiar a sua superioridade. Era, além disso, possuidor de um agradável sentido de humor.

[...]

*MARCO AURÉLIO. *Meditações*. Trad. Luís A. P. Varela Pinto, com base na trad. inglesa Meditations de Maxwell Staniforth. Espinho (Portugal), 2002. (em pdf), p. 29-31. Disp. em: <http://pensamentosnomadas.word press.com/2012/11/10/meditacoes-de-marco-aurelio-em-portugues-pdf/>. Acesso em: 13 abr. 2014.

É preciso dizer "não" para a ambição que retira a serenidade. Competir é indispensável em um mundo cada vez mais complexo em sua relação de dor, entretanto, é possível competir cooperando. Dizer "sim" para a cooperação é exigir que os filhos façam a sua parte na convivência familiar.

Certa mãe reclamava do fato de ter duas filhas tiranas, de 17 e 19 anos, que davam ordens e não ajudavam em nada na casa. Cansada, ela dizia da tristeza em saber que nunca a comida estava do agrado, que a arrumação não era do jeito que elas queriam,

CAPÍTULO 2 – Dizer "sim" e dizer "não"

que a ingratidão já tinha tomado conta das meninas moças. O erro está em permitir ser tiranizado. A comida não está do jeito que elas querem, ótimo, que façam jejum ou que comam em outro lugar. E se não ajudarem nem a cozinhar nem a lavar a louça, talvez não tenham o que comer. Parece cruel, mas é educativo. E se tiver leveza no discurso, haverá de educar ainda mais. Imaginem a mãe dizendo-lhes que está cansada e que, portanto, o melhor seria que comessem alguma bolacha guardada na despensa. E nada de sacrifícios para filhos que não reconhecem!

Crianças com birra, porque não têm a comida que querem, não devem apanhar – aliás, bater é proibido em qualquer situação, nada justifica surra e violência – mas devem ficar sem comer. Comem depois, quando a fome vier e, com ela, a humildade de entender que há tanta gente sem nenhuma comida.

Privar de alguns prazeres é permitido, bater, não.

E os pais, sabendo educar com autoridade em casa, não precisarão estar expostos aos escândalos públicos de crianças inquietas por um capricho não atendido. E o legado tem de ser de amor. Muito significativo é que o Brás Cubas, de Machado de Assis*, em sua autobiografia tenha escrito algumas linhas sobre a educação em casa, revelando, na postura permissiva do pai, um legado duvidoso.

> Desde os cinco anos merecera eu a alcunha de "menino diabo"; e verdadeiramente não era outra coisa; fui dos mais malignos do meu tempo, arguto, indiscreto, traquinas e voluntarioso. Por exemplo, um dia quebrei a cabeça de uma escrava, porque me negara uma colher do doce de coco que estava fazendo, e, não contente com o malefício, deitei um punhado de cinza ao tacho, e, não satisfeito da travessura, fui dizer à minha mãe que a escrava é que estragara o doce "por pirraça"; e eu tinha apenas seis anos. Prudêncio, um moleque de casa, era o meu cavalo de todos os dias; punha as mãos no chão, recebia um cordel nos queixos, à guisa de freio, eu trepava-lhe ao dorso, com uma varinha na mão, fustigava-o, dava mil voltas a um e outro lado, e ele obedecia, — algumas vezes gemendo, — mas obedecia sem dizer palavra, ou, quando muito, um — "ai, nhonhô!" — ao que eu retorquia: — "Cala a boca, besta!" Esconder os chapéus das visitas, deitar rabos de papel a pessoas graves, puxar pelo rabicho das cabeleiras, dar beliscões nos braços das matronas, e outras muitas façanhas deste jaez, eram mostras de um gênio indócil, mas devo crer que eram também expressões de um espírito robusto, porque meu pai tinha-me em grande

CAPÍTULO 2 – Dizer "sim" e dizer "não"

admiração; e se às vezes me repreendia, à vista de gente, fazia-o por simples formalidade: em particular dava-me beijos.

Não se conclua daqui que eu levasse todo o resto da minha vida a quebrar a cabeça dos outros nem a esconder-lhes os chapéus; mas opiniático, egoísta e algo contemptor dos homens, isso fui; se não passei o tempo a esconder-lhes os chapéus, alguma vez lhes puxei pelo rabicho das cabeleiras.

Outrossim, afeiçoei-me à contemplação da injustiça humana, inclinei-me a atenuá-la, a explicá-la, a classificá-la por partes, a entendê-la, não segundo um padrão rígido, mas ao sabor das circunstâncias e lugares. Minha mãe doutrinava-me a seu modo, fazia-me decorar alguns preceitos e orações; mas eu sentia que, mais do que as orações, me governavam os nervos e o sangue, e a boa regra perdia o espírito, que a faz viver, para se tornar uma vã fórmula. De manhã, antes do mingau, e de noite, antes da cama, pedia a Deus que me perdoasse, assim como eu perdoava aos meus devedores; mas entre a manhã e a noite fazia uma grande maldade, e meu pai, passado o alvoroço, dava-me pancadinhas na cara, e exclamava a rir: Ah! brejeiro! ah! brejeiro!

[...]

---

*ASSIS, Machado de. *Memórias póstumas de Brás Cubas*. (em pdf), p. 15-6. Disp. em: <http://machado.mec.gov.br/images/stories/pdf/romance/marm05.pdf>. Acesso em: 13 abr. 2014.

Capítulo 3

A família na escola

A família é a primeira etapa do processo educativo. Antes de qualquer contato externo, é no lar que a criança sente, observa, aprende.

Cada vez mais cedo, as crianças têm ido para a escola. Algumas vão primeiro para as creches, porque os pais trabalham e é mais seguro deixar os filhos em um espaço acolhedor.

Muitos pais perguntam se o ideal é manter os filhos mais tempo em casa ou, desde cedo, enviá-los para as creches. Não se trata de discutir o ideal, mas o real. Deixar as crianças em

CAPÍTULO 3 – A família na escola

casa o dia todo, sem os cuidados necessários com a sua saúde e os sinais que a convivência com outras pessoas proporciona, não é saudável.

Da creche à Educação Infantil, as crianças vão aprendendo o valor da convivência e dos afetos. Vão iniciando o desenvolvimento das habilidades cognitivas, por meio de diversos instrumentos pedagógicos. O despertar da curiosidade, ou ao menos não sufocá-la, é papel da escola. É condenável a prática escolar que não valoriza a criatividade, que impõe verdades preestabelecidas e desconsidera a bagagem que a criança carrega. A tese da tábula rasa já foi superada, ou seja, imaginar que as crianças não trazem nada de sua breve história de vida – e que, portanto, os professores podem despejar o conteúdo que considerarem correto – é um equívoco que precisa ser evitado.

Ainda em relação às creches e à Educação Infantil, é fundamental que os pais, embora trabalhem e estejam ocupados quase o dia todo, preocupem-se com o espaço e as pessoas que cuidam dos

69

seus filhos. O ideal é que visitem com frequência a escola, que conversem com coordenadores, professores, outros pais, porque um filho é uma preciosidade que não se entrega a qualquer um. Além disso, nos momentos em que a família estiver reunida, é preciso compreender que a atenção deve ser integralmente dada aos filhos. Os filhos compreendem a ausência dos pais que trabalham, principalmente se há diálogo e se os pais dizem o que fazem, onde trabalham, por que trabalham – o objetivo de dar uma vida melhor a eles. Mas os filhos não compreendem os pais que, mesmo em casa, são ausentes, por serem incapazes de lhes dar a menor demonstração de carinho, seja por causa da novela ou do futebol, por exemplo. Ou os pais que, em fins de semana, preferem beber com os amigos a criar um ambiente de prazer para os filhos; que não se dispõem a fazer coisas simples, como levá-los para um passeio no parque ou na praia, ir ao cinema, disputar jogos em casa, contar histórias, enfim, não se dispõem a conviver com as suas próprias crianças.

Tão bonita é a história, de autoria desconhecida, do pai que trabalhava até tarde e saía da casa muito cedo, jamais encontrando o filho acordado. Para marcar a sua presença,

CAPÍTULO 3 – A família na escola

todas as noites, ao chegar em casa, dava um beijo no filho e um nó na ponta do lençol. Era o seu jeito de demonstrar amor e estar presente no dia a dia do filho. Quando o garoto acordava, via o nó e sabia que o pai estivera ali. O nó era o meio de comunicação entre eles, era uma prova de amor. Em uma reunião de pais, a diretora da escola em que o menino estudava ressaltou a importância do apoio da família na educação das crianças e a necessidade de estarem sempre presentes. O pobre pai, sentindo-se culpado, levantou e contou a dificuldade encontrada para estar presente, já que necessitava do trabalho para o sustento do lar. Relatou a todos ali a forma que havia encontrado para diminuir a culpa de sua ausência: o nó no lençol. A diretora, emocionada, perguntou o nome de seu filho. Nesse momento, descobriu que o garoto era um dos alunos mais aplicados da escola. Muitas vezes os pais preocupam-se com tantas coisas, mas se esquecem da importância dos pequenos gestos.

É preciso insistir na tese de que a convivência, nos momentos possíveis, sana a ausência necessária dos pais. E essa convivência deve respeitar o espaço que traga felicidade aos filhos. É o universo dos afetos, em que prazeres individuais são sacrificados pela nova história que se ousou construir. Pais que trabalham durante toda a semana talvez gostariam de fazer, nos fins de semana, coisas que interessem a eles próprios, mas não aos filhos. Não que isso nunca possa ser feito, mas a opção em constituir família, em ter filhos, restringe coisas que os namorados ou os casados sem filhos poderiam fazer. Os filhos anseiam pelos momentos em que terão os pais só para si. E esses momentos são sagrados. Algumas crianças se ressentem do fato de que, nos momentos de lazer, sempre surge algum amigo do pai ou da mãe, com quem precisarão dividir os afetos. Isso não é proibido, evidentemente. Mas é preciso reservar alguns momentos apenas para a família: pai, mãe e filhos.

O Ensino Fundamental trabalha com conteúdos e habilidades diversas para a formação de uma pessoa. A participação dos pais na escola é fundamental por vários motivos.

CAPÍTULO 3 – A família na escola

Primeiro, para saber se o espaço é acolhedor, se os filhos são bem tratados, se não há lugar para traumas, apelidos, deboches. Depois, para saber se a aprendizagem respeita a história dos filhos e se os conteúdos são construídos coletivamente. É importante notar se o filho gosta de ir à escola, e, se não gosta, por que não gosta. O *bullying* é um dos grandes males resultantes da má convivência entre crianças no ambiente escolar. Entende-se por *bullying* a agressão, intencional e repetida, a que são submetidas crianças, que, por motivos distintos, de ordem estética, comportamental, racial, religiosa etc., são discriminadas por colegas que, para intimidá-las ou persegui-las, fazem o uso de apelidos pejorativos ou, até mesmo, de violência física. São agressões simbólicas ou reais. Um exemplo cruel é o da prática do *cyberbullying*, por meio da qual alguns alunos batem em outro para filmar a surra e veicular as imagens pela Internet. Os pais têm de estar atentos para os sinais de tristeza dos filhos. Quando há diálogo em casa, é mais fácil a criança contar os horrores a que é submetida na escola, e os pais rapidamente poderão tomar providência.

Um caso chocante, que aconteceu em uma escola no interior do Estado do Rio de Janeiro, ilustra um pouco as consequências do *bullying*. Uma mãe insistiu muito para que o filho cortasse os cabelos; na verdade, obrigou-o. "O cabelo era enorme e ruim", dizia a própria mãe. O menino, sem ter escolha, cortou os cabelos, levado pela mãe. Dois dias depois, começou a reclamar de dores pelo corpo, mas a mãe era brava, e ele tinha medo de dizer o que tinha acontecido na escola. A mãe o levou a um pronto-socorro, onde foi informada de que o problema era renal e foram-lhe prescritos os remédios necessários. Como o menino não melhorou, no dia seguinte ela o levou novamente ao centro de atendimento ambulatorial, e um outro médico lhe disse que o seu filho precisaria ser internado em um hospital, porque fora diagnosticada apendicite, e ele deveria ser operado imediatamente. A mãe, sem condições de atendimento particular, enfrentou a via-sacra do hospital público e, quando conseguiu internação, o diagnóstico era outro. O menino tinha traumatismo craniano em decorrência dos tapas e socos que recebia "de brincadeira", como justificaram os colegas, na escola. Era por esse motivo que ele

CAPÍTULO 3 – A família na escola

não queria cortar o cabelo. Ele apanhava na cabeça, e o cabelo o protegia. A mãe, desesperada, viu o filho morrer.

Uma outra história, em São Paulo, teve um final menos trágico, mas talvez não menos traumático. Uma menina sonhava em ser médica. A mãe, enfermeira, resolveu matriculá-la em uma escola particular para que ela pudesse aprender melhor e ingressar em uma faculdade pública de Medicina. A menina gostava da escola e, mais ainda, do professor de Matemática. Gostava tanto que mudou de ideia. Queria ser engenheira para trabalhar com números, projeções, planos etc. O professor tinha uma didática e um conteúdo que impressionavam a jovem menina. Já no final do Ensino Médio, em um dos últimos dias de aula, o professor, que tinha acompanhado a turma durante os três anos, resolveu contar uma piada de cunho racista. A menina era a única negra na sala de aula. A piada criminosa calou fundo na menina. Toda a classe riu, inclusive ela, para não ficar de fora. A mãe, não sabe por que motivo, resolveu chegar mais cedo em casa. Ouviu uma música alta proveniente do quarto da filha, cuja porta estava fechada. Entrou e viu a menina caída. Havia tentado se matar, depois de escrever uma longa carta de despedida, perguntando-se por que era negra. A mãe teve tempo de levá-la ao hospital e salvar a sua vida. O que causa indignação e perplexidade é a atitude do professor. Sua falta de cuidado com os seus alunos. Sua deformação com relação ao outro. O professor justificou-se, dizendo que se tratava apenas de uma piada, uma brincadeira de final de ano. Professor não está na sala de aula para contar piadas. Ser amigo dos alunos é importante e melhora a relação de ensino-aprendizagem, mas tem de ser uma amizade responsável. O professor é um referencial, um líder que deve ter a postura que a importância da profissão lhe empresta. Nesse caso, o sofrimento foi maior porque a menina tinha enorme admiração por ele.

Esses são alguns exemplos, dentre tantos, de um sofrimento que vai tomando conta dos nossos alunos. Um dos caminhos para evitá-los é a atenção redobrada que os pais precisam ter em relação a seus filhos e ao ambiente escolar em que se encontram inseridos. Em uma família em que há diálogo, os filhos terão liberdade para contar as dores que sofrem, sanar as dúvidas quanto ao certo ou ao errado, questionar os medos naturais que todo ser humano tem.

CAPÍTULO 3 – A família na escola

A participação na escola precisa ser dos pais. Pai e mãe. Geralmente a mãe tem mais paciência de frequentar a escola que o pai. Os filhos precisam dos dois. A não ser que não tenha pai ou não tenha mãe. Os pais precisam demonstrar aos filhos o quanto prezam o processo educativo. Ir à escola, participar de reuniões, ir a festas, a competições, a peças de teatro, tudo isso ajuda o filho a valorizar a escola, também. Além disso, indo à escola, os pais vão perceber se as relações de seus filhos são saudáveis ou não. Vão reparar na postura da direção, dos professores, dos funcionários e dos colegas de seus filhos.

Os pais têm todo o direito de reclamar da escola, de conversar com os responsáveis. O ideal, entretanto, é que tenham uma postura tranquila para compreender o papel da escola. Pode ser que os pais tenham razão, pode ser que a escola tenha razão. Quanto mais os pais conviverem com a escola, melhor será o entendimento dos seus erros e acertos. E os diretores precisam estimular a participação dos pais. O educador não tem que ter medo das reclamações dos pais ou da presença constante da família na escola; ao contrário, os pais, conscientes do seu dever de educadores por excelência, melhoram a escola.

Há muitas formas de atrair mais os pais para a escola, que vão além das reuniões em que as notas são entregues e os problemas discutidos. Práticas culturais, eventos, atividades conjuntas, em que filhos e pais aprendem juntos, programas de qualidade de vida para toda a família. Os diretores e a equipe escolar precisam ter criatividade para atrair os pais à escola. Uma iniciativa simples, que deu enorme repercussão nas escolas públicas de São Paulo, foi o projeto das *padarias artesanais,* desenvolvido na época em que Lu Alckmin era a presidente do Fundo Social de Solidariedade do Estado de São Paulo. A escola recebia um *kit de panificação,* composto de forno, batedeira, liquidificador, balança, assadeira e botijão de gás, além de treinamento para fazer pães, bolos e biscoitos, juntamente com noções de práticas de saúde, nutrição, higiene e cidadania. As mães, principalmente, iam para a escola aprender a cozinhar junto com os filhos. Alguns pais iam também. Era como relembrar o tempo antigo, em que as conversas se davam na cozinha, em torno do fogão. Nessa mesma época, no âmbito do programa *Escola da Família*, foram criadas numerosas outras atividades, de natureza esportiva, cultural e

CAPÍTULO 3 – A família na escola

técnico-profissionalizante, com o objetivo de estimular a presença habitual dos pais nas escolas, e que muito contribuíram para a melhoria do ambiente escolar.

Em casa, os pais precisam acompanhar o que os filhos aprendem na escola. Não por motivo de desconfiança, mas de participação. Os filhos precisam sentir que os pais valorizam o que eles fazem na escola. Essa dinâmica ajuda a dar continuidade ao processo educativo. Conheço histórias de pessoas que, embora com pouca instrução, costumam "tomar a lição" dos filhos. Querem saber o que de novo têm aprendido. São esses gestos cotidianos que ajudam o aluno a perceber quanto a escola e o aprendizado são importantes para sua vida

Na adolescência, as transformações dos filhos desafiam ainda mais a sabedoria e a paciência dos pais. O adolescente não é um doente sem causa, um problema sem solução. O adolescente é um ser em transformação, que percebe sua voz, seu corpo, seu mundo mudarem. Tudo muda e tudo se torna absolutamente novo. Ainda sem deixar o universo da criança e sem penetrar no mundo dos adultos, o adolescente busca o seu espaço. Nessa fase é que surgem os problemas mais difíceis na escola. A criança tende a ser mais obediente, menos agressiva. O adolescente quer mostrar o seu poder, quer provar que é valente, que é corajoso.

É comum nessa fase os filhos quererem assustar os pais com histórias de indisciplina, *sites* macabros, atos de crueldade, que demonstrem valentia. Não agem por maldade, mas por necessidade de conquistar espaço e demonstrá-lo. Nos primeiros namoros, principalmente, os rapazes fazem questão de exibir as suas namoradas como objeto de conquista. E mais, são capazes de atos bárbaros de violência se alguém tentar conquistar ou desrespeitar o que consideram lhes pertencer. A namorada se transforma em objeto de prazer, a ser exibido como um troféu. As meninas também disputam os meninos. É um jogo constante de sedução e de necessidade de autoafirmação. Para esses jovens, mais importante que o encontro apaixonado é poder falar sobre o encontro apaixonado. É exagerar no afeto recebido.

CAPÍTULO 3 – A família na escola

Na escola, o adolescente também quer marcar o seu território. E é exatamente por isso que os professores precisam estar preparados para não entrar em um jogo desnecessário. O aluno começa a enfrentar o professor, porque o professor representa o poder, e ele quer desbancar o poder para ser aceito ou respeitado pelo grupo de alunos a que pertence. Discorda pelo simples prazer de discordar. Arremeda. Imita. Debocha. A autoridade do professor tem de estar acima dessas molecagens. E é por isso que o professor não deve e não pode entrar em provocações. O ideal é diminuí-las, nunca exagerá-las. Constranger o aluno de maneira elegante, mostrando que entende sua necessidade de chamar a atenção, sem usar de chacotas ou coisas parecidas. Uma autoridade construída na competência, na dignidade. Os alunos geralmente não provocam os professores que se fazem respeitados. Conquista que não é fácil, exige conhecimento e experiência.

Em casa, o adolescente também precisa chamar a atenção. As cenas repetidas de filhos que usam *piercings* no nariz, cabelos compridos, roupas com dizeres agressivos, quartos pintados de preto etc., podem ser interpretadas como forma de pedir socorro aos pais. Os adolescentes viajam por mundos estranhos, sem permitir que alguém lhes mostre, pelo menos, parte da jornada. Sofrem com isso, mas querem fazer sofrer toda a família. Sem falar no universo grotesco das drogas. Drogam-se por carência ou curiosidade ou qualquer outro fator que a razão não explica. E viciam-se buscando sempre a primeira sensação, que dificilmente irão de novo encontrar. Se os pais conseguirem preveni-los dos males da dependência de drogas, com diálogo, educação correta, limites, amor, tanto melhor. Se não conseguirem, precisarão ser rápidos e precisos para estender a mão ao filho caído. Numerosas histórias de dor marcam famílias que têm filhos presos ou internados em clínicas de recuperação. Por mais doloroso que seja o processo de afastamento, corolário do tratamento, ele se torna necessário quando os outros métodos falham. A recuperação é sempre mais lenta e problemática do que a prevenção.

No caso de filhos privados de liberdade, ainda assim, a melhor contribuição dos pais é a presença. Os filhos presos têm de saber que haverá espaço para uma outra história, quando deixarem a prisão. Isso é imprescindível ao processo

CAPÍTULO 3 – A família na escola

de recuperação. O pior que pode acontecer é desistir de viver aquele que caiu e que não enxerga nenhuma possibilidade de se levantar. Não há ninguém para acolhê-lo. Ninguém para ajudá-lo a ingressar ou a voltar para o mercado de trabalho. Ninguém que ofereça o afeto tão necessário a quem feriu os outros e a si mesmo.

As doenças têm remédio. O tempo é um deles. Um filho doente pode ter nascido de uma família também doente. Muitas vezes, os pais não reconhecem que falharam e jogam toda a culpa no filho mal-agradecido que envergonha o nome e a honra da família. Outras vezes, os pais entram em um processo de destruição coletiva, de lamúrias infindas, porque assumem toda a responsabilidade dos filhos que não deram certo. Os dois extremos contribuem pouco para a solução desses problemas. O equilíbrio é uma alternativa melhor. Em algum momento erraram e perceberam o próprio erro e, a partir disso, passam a se preocupar com o que podem fazer para reconstruir a dignidade da própria família.

Excessos de proteção também são prejudiciais. Certa feita, uma mãe reclamava da ex-namorada do filho, "uma ingrata", dizia ela, uma menina que foi tão amada pelo filho e, no momento em que ele mais precisou, ela o abandonou. Depois de se acalmar, a mãe disse que a ex-namorada do filho tinha terminado a relação porque não aguentava mais ver o namorado bebendo. E que a bebida fazia mal para ela também. Ela não queria uma relação assim. A mãe não perdoava a menina. Tentei argumentar dizendo que a menina não tinha feito nada de errado. O namoro é um tempo propício para que pessoas se conheçam e decidam se querem ou não construir juntos uma história. A menina decidiu que não queria passar a vida ao lado de alguém que bebia e que se tornava agressivo em decorrência do vício. Ela tinha o direito de escolher um outro namorado. A mãe não tinha o direito de escolher outro filho. "E bebendo ou não", dizia eu àquela mulher, "ele continua sendo seu filho". E seria sempre o filho. Talvez o rompimento e o sofrimento, em decorrência da perda da paixão, fossem um aprendizado para ele.

CAPÍTULO 3 – A família na escola

A paixão é um sentimento complexo. Parece que, quanto menos correspondida, mais teimosa ela fica. E o que o filho apaixonado em uma história não correspondida mais precisa é de presença, não de conselhos. É esperar o inverno passar e a primavera chegar. Muitas vezes, a estação fria é longa e dolorosa, como nos mostra o escritor alemão Goethe* no drama de Werther. Apaixonado, o jovem Werther escreve cartas ao amigo Wilhelm, descrevendo sua paixão por Charlotte: uma moça adorável, porém comprometida.

18 de julho [de 1772]

Para onde pretendo ir? Vou contar somente a você. Tenho de ficar aqui mais duas semanas e, depois, desejo visitar as minas de... A verdade, porém, é a seguinte: quero apenas aproximar-me de Lotte e mais nada. Rio de meu coração... e faço tudo o que ele ordena.

[...]

[27 de outubro] À noite

Tenho tantas coisas em mim, mas meu sentimento por ela absorve tudo: tantas coisas que, para mim, sem ela, tudo significa nada.

30 de outubro

Já estive centenas de vezes a ponto de atirar-me a seus braços! Só Deus sabe quanto é difícil ver passar tantos encantos diante de meus olhos e não poder tocá-los. E, contudo, querer tocar as coisas é o impulso mais natural do homem. As crianças também não querem pegar tudo o que lhes agrada? E eu!

[...]

21 de novembro

Ela não vê, não sente que está preparando um veneno que nos destruirá. E eu, bêbado de desejos, sorverei até o fundo da taça que ela me oferecer, e me perderei. De que vale o doce olhar que muitas vezes... muitas vezes, não, mas algumas vezes, me lança; e a delicadeza com que recebe as expressões involuntárias de meus sentimentos; e a compaixão que lhe transparece na face, por meus sofrimentos?

Ontem, ao nos despedirmos, ela me estendeu a mão e disse:

– Adeus, meu querido Werther...

Querido Werther! Era a primeira vez que me chamava assim, e essa palavra, "querido", tocou-me profundamente. Mais de cem vezes

🌸 **CAPÍTULO 3 –** A família na escola

a repeti e, ao deitar-me, disse distraidamente: "Boa noite, querido Werther". Depois, não pude deixar de rir de mim mesmo.

22 de novembro

Não posso pedir: "Meu Deus, permita que ela seja minha!" e, contudo, muitas vezes parece-me que ela é minha. Também não posso pedir: "Meu Deus, dê ela para mim!", porque ela pertence a outro; se não me detivesse, poderia fazer toda uma ladainha de antíteses.

24 de novembro

Ela sente quanto sofro. Hoje seu olhar penetrou até o fundo de meu coração. Encontrei-a sozinha. Deixei-me ficar a seu lado, em silêncio, e ela me fitou. Já não via nela a beleza encantadora, nem a luz da inteligência complacente; tudo isso havia desaparecido ante meus olhos. O que agia sobre mim era seu olhar, um olhar ainda mais admirável, todo cheio do mais terno interesse e da mais doce piedade. Por que não me atirei a seus pés? Por que não me atrevi a abraçá-la com mil beijos? Ela sentou-se ao piano e, com uma voz suave e doce, uniu música e letra harmoniosamente. Nunca seus lábios me pareceram tão sedutores; era como se eles se abrissem com volúpia para absorver os doces sons que brotavam do instrumento, aos quais sua boca pura respondia apenas com um tênue eco. Se eu pudesse lhe dizer! Não resisti muito tempo: inclinei-me e jurei: "Nunca ousarei beijar esses lábios onde residem os espíritos do céu". E contudo... quero... Ah! Olhe, é como se um muro tivesse sido erguido diante de minha alma... Viver a felicidade e... e depois morrer para expiar esse pecado!... Pecado?

26 de novembro

Algumas vezes, digo a mim mesmo: seu destino é único. Comparados com você, todos os outros são felizes... Nunca um homem foi tão atormentado. Depois, abro algum livro de um poeta antigo e tenho a impressão de estar lendo meu próprio coração. Sofro demais! Teria havido, antes de mim, alguém tão infeliz quanto eu?

---

*GOETHE, J. W. *Os sofrimentos do jovem Werther.* Trad. Leonardo César Lack. São Paulo: Abril, 2010, p. 100, 112-3, 116-7. (Clássicos Abril Coleções)

É assim a paixão. Um dia se percebe que os efêmeros encontros ficaram no passado e que se tratava apenas de teimosia. Ou não. O tempo aproxima novamente as pessoas e

CAPÍTULO 3 – A família na escola

ajuda a dar valor a um grande amor.

Ainda em relação à adolescência e à escola, um ponto relevante é o da escolha profissional, do vestibular que os filhos vão prestar, da faculdade que vão cursar. Os pais têm todo o direito

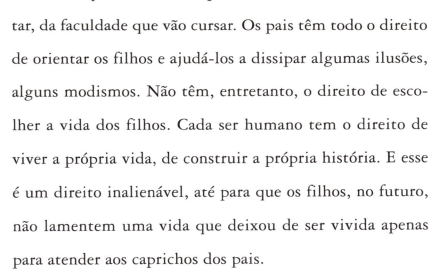

de orientar os filhos e ajudá-los a dissipar algumas ilusões, alguns modismos. Não têm, entretanto, o direito de escolher a vida dos filhos. Cada ser humano tem o direito de viver a própria vida, de construir a própria história. E esse é um direito inalienável, até para que os filhos, no futuro, não lamentem uma vida que deixou de ser vivida apenas para atender aos caprichos dos pais.

As escolhas das carreiras não são fáceis aos adolescentes ou jovens. Trata-se de um projeto de vida, e há muitos que não têm um projeto de vida, até porque não aprenderam a fazê-lo. É preciso desmistificar o primeiro vestibular. Tirar do filho a responsabilidade de passar, de vencer, de ser o melhor.

Há muitos que, com facilidade, passariam nessas provas, mas que ficam retidos pelas barreiras emocionais, pelo medo do fracasso. As comparações entre os irmãos pioram ainda mais essas situações. Se o irmão mais velho passou em determinado concurso de vestibular, o outro não tem a mesma obrigação, e talvez nem escolha a mesma universidade. Alguns pais exigem que seus filhos deem continuidade à sua própria carreira. Uma coisa é deixar claro ao filho que o fato de ser médico, ter consultório e entrada em ótimos hospitais poderá lhe facilitar a trajetória profissional; outra coisa é obrigar o filho a ser médico para trabalhar com o pai. Mesmo em organizações gigantescas, familiares, é preciso que os filhos cheguem com naturalidade, para que se sintam conquistadores do próprio espaço.

Todo ser humano sonha em construir a própria história. Mesmo aqueles que demonstram descaso com a vida,

CAPÍTULO 3 – A família na escola

os estudos, o trabalho. No íntimo de cada ser, há um desejo de vencer. Vencer não é ficar rico ou ganhar fama. Vencer é sentir que os dias ganham significado por decorrência de uma vida digna, correta e apaixonada.

Muito já se disse e se escreveu sobre este assunto tão sério: o comportamento dos jovens e os seus sonhos. É, contudo, sempre importante refletirmos sobre cada questão suscitada sobre o universo jovem. Mais uma vez, Goethe* mostra-nos a entrega e a força com que lutam pelo amor, pela felicidade, no drama de Werther:

18 de julho [de 1771]

Wilhelm, que seria para nosso coração o mundo sem amor? O mesmo que uma lanterna mágica sem luz. Mal introduzimos nela a pequenina lâmpada, e surgem na parede as mais variadas imagens. Embora sejam apenas imagens fugazes, são elas que nos fazem felizes quando ficamos ali, como crianças, extasiados diante das maravilhosas aparições.

Hoje não pude ir vê-la: uma visita inevitável me reteve. Que fazer? Mandei um criado à sua casa, só para ter junto de mim alguém que tivesse estado com ela. Com que impaciência esperei a volta dele! Com que alegria o revi! Só não o beijei por falta de coragem.

Falam que a pedra de Bolonha, exposta ao sol, absorve seus raios e durante a noite se conserva luminosa por algum tempo. Tive a impressão de que o mesmo se dava com aquele rapaz. A ideia de que os olhos de Lotte lhe haviam fitado o rosto, as faces, os botões de sua roupa, a gola do sobretudo, tornava tudo nele precioso e sagrado. Nesse momento, eu não cederia meu criado nem por mil táleres. Sua presença me fazia bem. Pelo amor de Deus, não vá rir de mim! Wilhelm, como pode ser ilusão aquilo que nos faz tão felizes?

19 de julho

Quando acordo, pela manhã, penso com alegria: vou vê-la; e, então, contemplo o sol resplandecente. Vou vê-la! E durante todo o dia já não tenho outros desejos. Tudo, tudo se absorve neste pensamento: vou vê-la.

[...]

CAPÍTULO 3 – A família na escola

16 de julho [de 1772]

Sim, sou um simples viajante, um andarilho que percorre a terra!

E vocês, o que são?

 *GOETHE, J. W. *Os sofrimentos do jovem Werther*. Trad. Leonardo César Lack. São Paulo: Abril, 2010, p. 52-3, 100. (Clássicos Abril Coleções)

Capítulo 4

O amor conduzindo a vida

Um livro sobre família precisa tratar do mais nobre de todos os sentimentos, o amor. É compreensível que os pais cometam erros, que tomem decisões erradas, que não acertem nas escolhas, mas não é compreensível imaginar que, na relação entre pais e filhos, falte amor. É o amor que justifica que dois seres humanos – que poderiam construir uma vida independente – tenham preferido se unir para construir uma história comum e, por causa disso, deixem de lado projetos individuais e se lancem a surpreender um ao outro. Se os filhos nascessem e crescessem em famílias

CAPÍTULO 4 – O amor conduzindo a vida

solidificadas pelo amor, suas histórias seriam mais simples, no sentido nobre que o valor da simplicidade empresta.

Os filhos precisam sentir que são amados. E isso não é difícil, se existir amor. Há filhos que nascem do despreparo de casais que não sabem o que querem nem para onde vão. Nascem sem ser desejados. Simplesmente nascem. Fora os tantos casos em que a mulher sozinha tem de dar conta da educação do filho, porque o homem se exime da responsabilidade, dizendo que a criança não estava nos seus planos. Como se a mulher tivesse concebido sozinha o filho. Obrigar um homem e uma mulher a se casarem por causa dos filhos me parece pouco inteligente. Isso não significa que criarão laços. O correto é que os dois ajudem, casados ou não, a dividir a responsabilidade de pai e de mãe. Em relação aos filhos de pais separados, a divisão tem de ser a mesma. A mulher não pode destruir a imagem do marido para o seu filho nem o contrário. Se a relação acabou, independentemente dos motivos, os filhos continuam e continuarão para sempre.

Um filho de pai falecido entende e lamenta a ausência do pai. Um filho de pai vivo, ausente por opção, sofre pelo abandono do desamor. Todas essas reflexões precisam surgir antes da decisão da construção da família. Os filhos não são brinquedinhos que podem ser deixados depois de algum tempo. Filhos são para sempre e para sempre necessitarão de atenção e amor.

Andam juntos o drama dos problemas familiares e a capacidade de superá-los. Inúmeras, estas histórias possuem, muitas vezes, os mesmos personagens. A mãe que, com simplicidade, orgulha-se do filho. O pai, muito pobre, que lamenta por aquilo que não fez. O filho bem-sucedido, mas que reconhece o lar onde nasceu. A mãe é simples, trabalhadora, ciosa de suas obrigações e, embora não entenda muita coisa, entende que ser presente é o mais importante na vida de uma família. Entrega-se à batalha diária para promover a boa educação do seu filho. Mão para toda a obra. Satisfeita, realizada, presencia o bom futuro pretendido ao filho, agora concretizado. O pai olha para o passado e lamenta não ter sido ele o pai responsável pelo sucesso do filho.

CAPÍTULO 4 – O amor conduzindo a vida

Lamentar pelos erros do passado é digno e nobre. Mas o passado ficou no passado e não é mais possível reviver os dramas de ontem. Há muitos pais que lamentam não terem percebido o tempo passar e não terem percebido o crescimento dos filhos: um tempo rico de convivência em que a ausência é prejudicial a todas as partes. Insisto que as ausências de trabalho são compreendidas pelos filhos, outras não. Os filhos têm de sentir que são amados. Voltar ao passado e reviver o tempo perdido não nos é permitido. O que passou, passou. Os erros graves podem até ser perdoados, mas deixam marcas tristes. Lembro-me de um pai que impediu o filho de se matricular em uma faculdade por mesquinharia, por capricho. O filho tinha se esforçado, estudado, sonhado, e o pai, sem problemas financeiros, fez com que o filho perdesse o dia da matrícula. Mentiu para o filho. Enganou o filho. Essas coisas dificilmente são esquecidas. São perdoadas, mas interferem de forma negativa na história familiar. Em outro caso, o filho aguardava ansioso o resultado de uma entrevista. Ficaram de telefonar, caso o emprego estivesse garantido. O filho tinha feito tudo certo e passou dias ansiosos para realizar o sonho de mudar de cidade e trabalhar na organização onde havia feito a entrevista. Na verdade, a mãe já havia recebido o telefonema, sabia da aprovação, e disse que o filho não tinha mais interesse, pois trabalhava em outro lugar. Somente meses mais tarde, o filho soube da traição da mãe. Em ambos os casos, os pais podem ter imaginado que estavam fazendo o que era correto. No primeiro caso, o pai rico, mas avarento, não queria gastar o dinheiro em uma faculdade cara, e mentiu para o filho. No segundo caso, a mãe queria proteger o seu filho, impedindo-o de se mudar para a cidade grande. Erraram os dois. Sobrou egoísmo e faltou amor.

A sinceridade é a prova de que nada é mais forte do que o sentimento do amor. O pai tinha o direito de tentar convencer o filho a tentar estudar em outro lugar, e o filho, o direito de contra-argumentar. A mãe tinha o direito de manifestar suas preocupações com a mudança de cidade, e o filho o direito de tentar tranquilizá-la. O que não se compreende é a farsa, a mentira, a dissimulação. Da mesma forma, é doloroso para o filho descobrir que o pai tem uma amante, e que o discurso de homem apaixonado pela esposa seria mais uma demonstração

CAPÍTULO 4 – O amor conduzindo a vida

de hipocrisia social. Ou, ainda, descobrir que o pai ou a mãe sejam desonestos. Que os valores que pregam não sejam vivenciados.

Marx* cita um caso de consequências trágicas, testemunhado e narrado por Jacques Pecheut, um antigo diretor dos arquivos da polícia francesa, durante a Restauração:

> No mês de julho de 1816, a filha de um alfaiate foi prometida em casamento a um açougueiro, jovem de bons costumes, parcimonioso e trabalhador, muito enamorado de sua bela noiva, que, por sua vez, era-lhe muito dedicada. A jovem era costureira; conquistava a atenção de todos os que a conheciam e os pais de seu noivo amavam-na carinhosamente. Essa brava gente não perdia nenhuma oportunidade para usufruir com antecipação dos bens da sua nora; promoviam divertimentos nos quais ela era a rainha e o ídolo. A estima geral acrescentava-se à estima que os noivos tinham um pelo outro.
>
> Chegou a época do casamento; os arranjos entre as duas famílias foram providenciados e os contratos fechados. Na noite anterior ao dia em que deveriam comparecer à municipalidade, a jovem e seus pais comprometeram-se a jantar com a família do noivo;

quando estavam a caminho, ocorreu um incidente inesperado. Encomendas que deveriam ser entregues a uma rica casa de sua clientela forçaram o alfaiate e sua esposa a retornar a casa. Eles se desculparam, mas a mãe do açougueiro foi ela própria buscar sua nora, que recebeu permissão para acompanhá-la.

Apesar da ausência de dois dos principais convidados, a refeição foi das mais agradáveis. Muitas brincadeiras familiares, que a perspectiva das núpcias autorizava, foram realizadas da melhor maneira possível. A sogra já se imaginava avó de um bebezinho. Bebeu-se, cantou-se. Divagou-se sobre o futuro. As alegrias de um bom matrimônio foram vivamente comentadas. Muito tarde da noite, encontravam-se ainda à mesa. Movidos por uma indulgência facilmente compreensível, os pais do rapaz, entusiasmados com suas crianças e desfrutando de sua dupla ternura, fecharam os olhos para o acordo tácito entre os dois amantes. As mãos procuravam umas às outras, o fogo os consumia, o amor e a confiança tomavam-nos inteiramente. Além disso, considerava-se que o casamento estava consumado e aqueles pobres jovens já se frequentavam havia muito tempo sem que se lhes fizesse a mais leve censura. Nunca os prazeres de um bom casamento foram tão vivamente analisados. A comoção dos pais dos

CAPÍTULO 4 – O amor conduzindo a vida

amantes, as horas passadas, os ardentes desejos recíprocos, desencadeados pela negligência dos seus mentores, a alegria sem cerimônia que sempre reina nessas ocasiões, tudo isso junto, e a ocasião, que se brindava prazerosamente, o vinho, que borbulhava nas cabeças, tudo ensejava um final que se podia imaginar. Os enamorados se reencontraram no escuro, depois que as luzes se apagaram. Era como se não houvesse nada a ponderar, nada a recear. Sua felicidade estava cercada de amigos e livre de toda inveja. O conteúdo tomou por um instante o lugar da forma, o que só tornava aquele prazer às escondidas ainda mais doce.

A jovem filha retornou somente na manhã seguinte para a casa dos pais. Uma prova de que ela não se acreditava culpada está no fato de ter voltado para casa sozinha. Seu erro era grande, sem dúvida, pelo simples fato da preocupação que o prolongamento de sua ausência gerara em seus pais; mas se alguma vez a bondade, a indulgência, a prudência, a moderação tivessem que ser exigidas dos pais em relação a um filho, isso deveria se dar em uma circunstância como esta, na medida em que tudo ajudava a legitimar aquela escapada amorosa. Os mais culpados foram os mais felizes. Ela esgueirou-se para seu quarto e fez sua toalete, mas, mal seus pais adivinharam sua presença, irromperam furiosamente e cobriram-na com os mais vergonhosos nomes e impropérios. A vizinhança testemunhou a cena, o escândalo não teve limites, a julgar pela comoção daquela criança, por sua vergonha e pelo encanto que era quebrado a golpes de xingamentos. Em vão a consternada moça protestava a seus pais que eles mesmos a haviam abandonado à difamação, que ela assumia seu agravo, sua tolice, sua desobediência, mas que tudo seria reparado. Suas razões e sua dor não conseguiram desarmar o casal de costureiros. As pessoas mais covardes, as mais incapazes de se contrapor, tornam-se intolerantes assim que podem lançar mão de sua autoridade absoluta de pessoas mais velhas. O mau uso dessa autoridade é igualmente uma compensação grosseira para o servilismo e a subordinação aos quais essas pessoas estão submetidas, de bom ou de mau grado, na sociedade burguesa. Padrinhos e madrinhas acorreram ao barulho e formaram um coro. O sentimento de vergonha provocado por essa cena abjeta levou a menina à decisão de dar um fim à própria vida; desceu com passos rápidos em meio à multidão dos padrinhos que vociferavam e a insultavam e, com olhar desvairado, correu para o Sena e jogou-se na água; os barqueiros resgataram-na morta do rio, enfeitada com suas joias nupciais. Como é

CAPÍTULO 4 – O amor conduzindo a vida

evidente, aqueles que no começo gritaram contra a filha viraram-se em seguida contra os pais; essa catástrofe chocou até mesmo as almas mais mesquinhas. Dias depois vieram os pais à polícia para reclamar uma corrente de ouro que a moça portava no pescoço e tinha sido um presente do seu futuro sogro, um relógio de prata e várias outras joias, todos objetos que ficaram depositados na repartição. Não perdi a oportunidade de recriminar energicamente aquelas pessoas por sua imprudência e seu barbarismo. Dizer àqueles dementes que deveriam prestar contas perante Deus teria provocado neles muito pouca impressão, tendo em vista seus preconceitos mesquinhos e a falta peculiar de religiosidade que predomina nas classes mercantis mais baixas.

A cupidez os movia, mais do que o desejo de possuir duas ou três relíquias; acreditei que poderia castigá-los. Eles reclamavam as joias da sua jovem filha; eu lhas recusava e retinha o certificado de que eles precisavam para retirar esses objetos da Caixa, onde, como era de rotina, haviam sido depositados. Enquanto ocupei esse posto, suas reclamações foram inúteis e eu sentia prazer em desprezar suas injúrias.

*MARX, Karl. *Sobre o suicídio*. Trad. Rubens Enderle e Francisco Fontanella. São Paulo: Boitempo, 2006, p. 29-33.

A família, em que o amor é o convidado principal, enfrenta unida as adversidades. Não se imagina que exista perfeição onde há seres humanos. São imperfeitas todas as famílias, porque são imperfeitos todos os seres humanos. O que se espera é coerência, elegância no trato com o outro, verdade. Os pais têm de tomar cuidado para não serem injustos com os filhos em nenhum sentido, inclusive no financeiro. Há irmãos que se separam para sempre depois de brigas de herança. A trapaça e a mentira são sentimentos mesquinhos que abafam o amor. E, aos pais, compete a missão primeira de apresentar o amor e deixar que seus encantos apresentem o resto.

Não há regras, não há um manual do que é certo ou errado na família.

A família é o cenário onde o espetáculo da vida dá os primeiros ensaios. É no seu palco que razão e emoção começam

CAPÍTULO 4 – O amor conduzindo a vida

a atuar. É em seu seio que nasce a dignidade de uma história em construção. E com amor, tudo fica mais fácil.

Um pouco mais de poesia nessa conversa sobre família. Um poema do desafortunado Tomás Antônio Gonzaga*, escrito no cárcere, separado da amada Doroteia de Seixas, com quem se casaria no final daquele trágico ano de 1789. Acusado de participar da Conjuração Mineira e, antes do exílio, encarcerado por três anos, sua poesia é um misto de projeção e frustração, relações reais e imaginárias. E uma esperança de família.

> Eu, Marília, não fui nenhum vaqueiro,
> fui honrado pastor da tua aldeia;
> vestia finas lãs e tinha sempre
> a minha choça do preciso cheia.
> Tiraram-me o casal e o manso gado,
> nem tenho a que me encoste um só cajado.
>
> Para ter que te dar, é que eu queria
> de mor rebanho ainda ser o dono;

prezava o teu semblante, os teus cabelos

ainda muito mais que um grande trono.

Agora que te oferte já não vejo

além de um puro amor, de um são desejo.

Se o rio levantado me causava,

levando a sementeira, prejuízo,

eu alegre ficava, apenas via

na tua breve boca um ar de riso.

Tudo agora perdi; nem tenho o gosto

de ver-te ao menos compassivo o rosto.

Propunha-me dormir no teu regaço

as quentes horas da comprida sesta,

escrever teus louvores nos olmeiros,

toucar-te de papoilas na floresta.

Julgou o justo céu que não convinha

que a tanto grau subisse a glória minha.

✤ CAPÍTULO 4 – O amor conduzindo a vida

Ah! minha bela, se a fortuna volta,

se o bem, que já perdi, alcanço e provo,

por essas brancas mãos, por essas faces

te juro renascer um homem novo,

romper a nuvem que os meus olhos cerra,

amar no céu a Jove[22] e a ti na terra!

Fiadas comprarei as ovelhinhas,

que pagarei dos poucos do meu ganho;

e dentro em pouco tempo nos veremos

senhores outra vez de um bom rebanho.

Para o contágio lhe não dar, sobeja

que as afague, Marília, ou só que as veja.

---

22 - Mais conhecido por Júpiter ou Zeus.

Se não tivermos lãs e peles finas,

podem mui bem cobrir as carnes nossas

as peles dos cordeiros mal curtidas,

e os panos feitos com as lãs mais grossas.

Mas ao menos será o teu vestido

por mãos de amor, por minhas mãos cosido.

Nós iremos pescar na quente sesta

com canas e com cestos os peixinhos;

nós iremos caçar nas manhãs frias

com a vara envisgada os passarinhos.

Para nos divertir faremos quanto

reputa o varão sábio, honesto e santo.

Nas noites de serão nos sentaremos

cos filhos, se os tivermos, à fogueira:

entre as falsas histórias, que contares,

lhes contarás a minha, verdadeira.

Pasmados te ouvirão; eu, entretanto,

ainda o rosto banharei de pranto.

CAPÍTULO 4 – O amor conduzindo a vida

Quando passarmos juntos pela rua,

nos mostrarão co dedo os mais pastores,

dizendo uns para os outros: – Olha os nossos

exemplos da desgraça e sãos amores.

Contentes viveremos desta sorte,

até que chegue a um dos dois a morte.

*GONZAGA, Tomás Antônio. Marília de Dirceu, 7. *Apud*: CANDIDO & CASTELLO. *Presença da literatura brasileira*. I – das origens ao Romantismo. São Paulo: Difel, 1964, p.197-9.

111